T0194726

111 Keywords Management

Springer Fachmedien Wiesbaden
(Hrsg.)

111 Keywords Management

Grundwissen für Manager

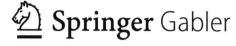 Springer Gabler

ISBN 978-3-8349-4633-1

Die Deutsche Nationalbibliothek verzeichnet diese Publikation in der Deutschen National-
bibliografie; detaillierte bibliografische Daten sind im Internet über http://dnb.d-nb.de
abrufbar.

Springer Gabler
© Springer Fachmedien Wiesbaden 2013
Das Werk einschließlich aller seiner Teile ist urheberrechtlich geschützt. Jede Verwertung, die
nicht ausdrücklich vom Urheberrechtsgesetz zugelassen ist, bedarf der vorherigen Zustim-
mung des Verlags. Das gilt insbesondere für Vervielfältigungen, Bearbeitungen, Übersetzun-
gen, Mikroverfilmungen und die Einspeicherung und Verarbeitung in elektronischen Systemen.

Die Wiedergabe von Gebrauchsnamen, Handelsnamen, Warenbezeichnungen usw. in
diesem Werk berechtigt auch ohne besondere Kennzeichnung nicht zu der Annahme, dass
solche Namen im Sinne der Warenzeichen und Markenschutz-Gesetzgebung als frei zu betrachten wären und daher von jedermann benutzt werden dürften.
Lektorat: Stefanie Brich, Claudia Hasenbalg

Gedruckt auf säurefreiem und chlorfrei gebleichtem Papier

Springer Gabler ist eine Marke von Springer DE. Springer DE ist Teil der Fachverlagsgruppe
Springer Science+Business Media
www.springer-gabler.de

A-B

ABC-Analyse

Verfahren zur Klassifizierung von Gesamtheiten, wobei die Klassengrenzen jeweils im Einzelfall festgelegt werden.

Wichtige *Anwendungsgebiete:* Materialwirtschaft (zur Differenzierung der Beschaffungs- und Bereitstellungskonzepten), Organisationsanalyse, Aufgabenpriorisierung, Make-or-Buy-Entscheidungen.

Beispiel (aus der Materialwirtschaft): Wichtiges Einteilungskriterium ist das Verbrauchsmengen-Verbrauchswert-Verhältnis der Materialien. A-Teile: geringer mengenmäßiger Anteil, hoher Wertanteil; B-Teile: mittlerer mengenmäßiger Anteil, mittlerer Wertanteil; C-Teile: hoher mengenmäßiger Anteil, geringer Wertanteil. Die Aktivitäten im Bereich der Materialwirtschaft werden dann nach A-, B- und C-Teilen differenziert.

Akquisition

Der Kauf eines Unternehmens bzw. dessen Teilerwerb, um in den Besitz seiner Leistungselemente zu kommen und/oder um dessen Ressourceneinsatz bestimmen und kontrollieren zu können (Mergers & Acquisitions). In der amerikanischen Managementliteratur impliziert der Begriff Akquisition, dass das Management des zu akquirierenden Unternehmens mit einem Verkauf des Unternehmens grundsätzlich einverstanden ist. Der Gegensatz zu Akquisition heißt Takeover.

Akquisition als Strategie: Im Sinn der strategischen Suchfeldanalyse kann das Suchen nach Akquisitionskandidaten auch als Strategie zum „Kauf" einer anderen (erwünschten) Strategie verstanden werden. Im Fall der Suche nach neuen Geschäften ist Akquisition z.B. eine mögliche Markteintrittsstrategie, die im Allgemeinen gegenüber der unternehmensinternen Entwicklung oder der strategischen Allianz abzuwägen ist.

Benchmarking

Instrument der Wettbewerbsanalyse. Benchmarking ist der kontinuierliche Vergleich von Produkten, Dienstleistungen sowie Prozessen und Methoden mit (mehreren) Unternehmen, um die Leistungslücke zum sogenannten Klassenbesten (Unternehmen, die Prozesse, Methoden etc. hervorragend beherrschen) systematisch zu schließen. Grundidee ist es, festzustellen, welche Unterschiede bestehen, warum diese Unterschiede bestehen und welche Verbesserungsmöglichkeiten es gibt.

Schritte:

(1) Auswahl des Objektes (Produkt, Methode, Prozess), das analysiert und verglichen werden soll.

(2) Auswahl des Vergleichsunternehmens. Dabei ist wichtig, festzulegen, welche Ähnlichkeiten zur Gewährungsleistung der Vergleichbarkeit gegeben sein müssen.

(3) Datengewinnung (Analyse von Sekundärinformationen; Gewinnung von Primärinformationen, z.B. im Rahmen von Betriebsbesichtigungen).

(4) Feststellung der Leistungslücken und ihrer Ursachen.

(5) Festlegung und Durchführung der Verbesserungsschritte.

Berichtssysteme

Subsysteme von EDV-gestützten Management-Informationssystemen.

Formen der Berichterstattung:

a) Standardberichte: zeitlich und in der Form gleichförmige Abgabe (z.B. Angebotsstatistiken, Umsatzstatistiken);

b) Ausnahmeberichte: flexible Gestaltung von Form, Inhalt und Berichtszeiträumen.

Best Practice

Im betrieblichen Bereich stellen Benchmarks (Benchmarking) Orientierungs- oder Zielgrößen dar, die eine objektive Bewertung der eigenen Leistung im Vergleich zu anderen Unternehmen ermöglichen. Im Rahmen des Benchmarking werden jedoch nicht nur Kennzahlen miteinander verglichen und Leistungslücken quantifiziert, sondern die zugrunde liegende Vorgehensweise zur Erreichung der Benchmarks ergründet. Dabei sollen herausragende, exzellente Praktiken entdeckt und im eigenen Unternehmen umgesetzt werden, um dadurch nachhaltige Verbesserungen oder sogar Wettbewerbsvorteile zu erlangen. Im Kern beinhaltet Benchmarking damit das Streben, zum „Besten der Besten" zu werden (japanisch: Dantotsu). Best-Practice Benchmarking bedeutet die Orientierung am „Klassenbesten". Hierbei wird bewusst nach Unternehmen außerhalb der eigenen Branche gesucht, die bestimmte Prozesse oder Funktionen hervorragend beherrschen. Dem liegt die Erfahrung zugrunde, dass an sich ähnliche Prozesse in verschiedenen Branchen unterschiedlich effizient sind, da die wettbewerbsrelevanten Faktoren variieren.

Big Business

1. *Begriff:* Amerikanische Bezeichnung für großbetriebliche Wirtschaftsform in Unternehmenszusammenschlüssen und Großunternehmungen. Big Business ist Gegenstand heftiger Auseinandersetzungen in Wirtschaft und Politik.

2. *Kritik wird vorgebracht:* wegen zu starker wirtschaftlicher und politischer Machtkonzentration, wegen der gesamtwirtschaftlich unerwünschten Vernichtung selbstständiger, mittelständischer Existenzen, wegen der unvermeidlichen Neigung zu Bürokratisierung und Unwirtschaftlichkeit (X-Ineffizienz), wegen der zwangsläufig erforderlichen stärkeren Beteiligung des Staates am Wirtschaftsleben zur Kontrolle der Machtstellung von Big Business und zur Unterstützung von Not leidenden Großbetrieben bei drohendem Zusammenbruch.

Bottom-up-Planung

1. *Begriff:* Hierarchisches Planungsprinzip; von unten nach oben.

2. *Merkmale:* Die einzelnen Organisationseinheiten stellen für ihre Verantwortungsbereiche Detailpläne auf, die im Rahmen der Planung der übergeordneten Planungseinheit dann koordiniert werden. Im Gegensatz dazu steht das Top-down-Prinzip.

Brainstorming

1. *Begriff:* Kreativitätstechnik, bei der mehrere Personen nach bestimmten Regeln in einer Gruppe Lösungsalternativen sammeln.

2. *Ablauf:*

a) Dem Brainstorming wird eine Problemanalyse vorangestellt, aus der eine Fragestellung entwickelt wird.

b) Der Moderator stellt die Fragestellung vor und gibt die Regeln bekannt.

c) Während der Sitzung motiviert der Moderator die Teilnehmer zur Abgabe von Ideen, achtet auf die Einhaltung der Regeln und protokolliert die Ideen und Diskussionen.

d) Nach der Sitzung werden die gesammelten Ideen geordnet und protokolliert. Diese werden anschließend an die Gruppe oder Experten zur weiteren Entwicklung und Ausarbeitung versandt.

3. *Regeln:*

a) Freies Spiel der Gedanken ist erwünscht, jede Idee ist willkommen.

b) Die Quantität und nicht die Qualität oder Realisierbarkeit der Vorschläge ist das entscheidende Kriterium.

c) Ideen der Anderen sollen aufgenommen und weiterentwickelt werden, es gibt kein Urheberrecht auf Ideen.

d) Killerphrasen, Kritik und Selbstkritik an den genannten Ideen sind streng verboten.

4. *Kritik:* Obwohl diese Methode vielfach eingesetzt wird, scheint sie doch hinsichtlich Anzahl und Qualität der gesammelten Ideen schlechter zu sein als Methoden, bei denen zunächst in Einzelarbeit Ideen gesammelt werden, mit denen dann in der Gruppe weitergearbeitet wird. Beim Brainstorming wird gesprochen, beim Brainwriting werden schriftliche Impulse weiterentwickelt.

Business Plan

Geschäftsplan, Geschäftskonzept; Beschreibung von unternehmerischen Vorhaben, in denen die unternehmerischen Ziele, geplante Strategien und Maßnahmen sowie die Rahmenbedingungen dargestellt werden. Der Business Plan soll im Wesentlichen die unterschiedlichen Phasen der Unternehmensentwicklung mit besonderer strategischer Bedeutung darstellen.

Typischerweise wird ein Business Plan im Rahmen von Unternehmensgründungen, bei der Einführung von neuen Produkten oder zur Einleitung von Umstrukturierungsmaßnahmen erstellt. In diesem Zusammenhang soll der Business Plan verschiedene Funktionen erfüllen, z.B. die Prüfung der Durchführbarkeit des Vorhabens, die Kommunikation mit potenziellen Finanzierungs- oder Kooperationspartnern sowie die Planung und Kontrolle des unternehmerischen Vorhabens im Rahmen eines nachträglichen Soll-Ist-Vergleichs.

Ein Business Plan besteht idealerweise zunächst aus einer Executive Summary, die in prägnanter Form komprimierte Auskunft über das Vorhaben gibt. Anschließend werden die geplanten Produkte und/oder Dienstleistungen beschrieben, das Management vorgestellt, der Markt und Wettbewerb analysiert, Aussagen zu Marketing und Vertrieb getroffen, benötigtes Personal und die Organisation skizziert, wichtige Realisierungsschritte beschrieben, Chancen und Risiken diskutiert, die Finanzplanung dargestellt und Aussagen zu Kapitalbedarf und Finanzierungsalternativen getroffen.

Business Process Reengineering

Analyse der Ablauforganisation und der Aufbauorganisation eines Unternehmens im Hinblick auf seine Orientierung an Geschäftsprozessen. Dabei wird besonders das Gestaltungspotenzial der Informationstechnologie dazu genutzt, Geschäftsprozesse neu zu organisieren und massive organisatorische Änderungen vorzunehmen. Ziel ist es, die Zahl der organisatorischen Schnittstellen zu minimieren. Der Geschäftsprozess

(Kernprozess) wird zum zentralen Strukturierungskriterium der Organisation.

Es reicht nicht aus, vorhandene Abteilungen zu reorganisieren und überkommene Abläufe zu optimieren; vielmehr ist eine völlige Neugestaltung der wesentlichen Unternehmensprozesse notwendig, d.h. jener Tätigkeiten, die zusammengenommen einen Wert für die Kunden schaffen. Ausgangspunkt des Business Process Reengineering ist daher eine konsequente Kundenorientierung.

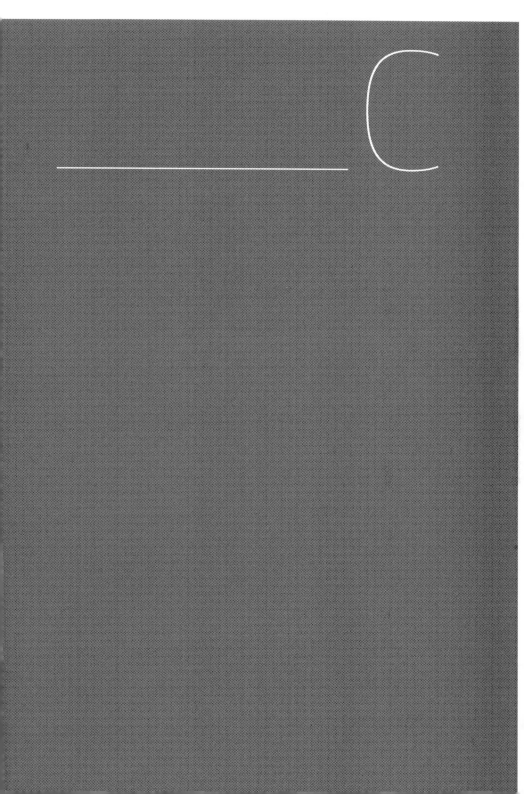

Change Communications

1. *Begriff*: Change Communications bezeichnet das Kommunikations- und Verhaltensmanagement zur Unterstützung tiefgreifender Veränderungsprozesse von Unternehmensstrategien und -strukturen an aktualisierte Rahmenbedingungen (Change Management).

2. *Ziel:* Das Ziel von Change Communications ist, auf weiche Faktoren von Organisationen Einfluss zunehmen. Weiche Faktoren wie Meinungen, Stimmungen und Emotionen sind das Ergebnis gruppendynamischer Prozesse, die geeignet sind, die geplante Zielerreichung des Veränderungsprozesses negativ und positiv zu beeinflussen.

3. *Aspekte:* Die Entstehung erfolgskritischer weicher Faktoren lässt sich mit kollektivierbaren mentalen Modellen erklären. In der kognitionspsychologischen Forschung beschreiben sie als individuelle Speicher handlungsleitenden Wissens den Zusammenhang zwischen individueller Wahrnehmung, Interpretation und Handlung. Durch Sozialisierung können diese individuellen Konstrukte sich einander annähern. Sie werden so zu kollektivierten mentalen Modellen und können personenübergreifende Bewertungen von sachlichen und persönlichen Aspekten im Veränderungsprozess hervorrufen. Damit können sie konvergentes Verhalten von Promotoren und Widerständlern als Gruppen in einem Change-Prozess erklären.

4. *Instrumente:* Durch die Handlungsrelevanz persönlicher und sachlicher Bewertungen von Veränderungsprozessen in Führungskräfte- und/oder Mitarbeitergruppen umfasst Change Communications die Einflussnahme auf informative (Wahrnehmung), edukative (Verständnis) und emotionale (Gefühle) Aspekte. Dies erfordert, Change Communications als disziplinenübergreifende Disziplin mit Kommunikation (persönliche, mediale und instrumentelle Kommunikation) und Verhaltensmanagement (Führungsstil, Anreizsetzung etc.) anzuwenden.

5. *Abgrenzung:* Change Communications ist also eine anlassbezogene, prozessuale, interdisziplinäre und damit kampagnennahe

Kommunikationsmanagementdisziplin, die Change Management mit der Einflussnahme auf weiche Faktoren unterstützt.

Change Management

Laufende Anpassung von Unternehmensstrategien und -strukturen an veränderte Rahmenbedingungen. Wandel repräsentiert heute in Unternehmen nicht mehr den Sondervorgang, sondern eine häufig auftretende Regelerscheinung. Alle Prozesse der globalen Veränderung, sei es durch Revolution oder durch geplante Evolution, fallen in das Aufgabengebiet des Change Managements.

Zu den harten, revolutionären Ansätzen zählen die Modelle der Corporate Transformation und Business Transformation, die innerhalb des Reengineering propagiert werden. Weiche, stärker evolutionär angelegte Ansätze stammen aus der Organisationsentwicklung. Sie war über Jahrzehnte das dominierende Paradigma des Change Managements. Charakteristisch für Organisationsentwicklung ist das Harmoniepostulat zwischen den Zielsetzungen des Unternehmens und der betroffenen Mitarbeiter.

Consulting

Consulting ist die individuelle Aufarbeitung betriebswirtschaftlicher Problemstellungen durch Interaktion zwischen externen, unabhängigen Personen oder Beratungsorganisationen und einem um Rat nachsuchenden Klienten.

Unternehmensberatung ist der Teilbereich des Consulting, der auf den speziellen Organisationstyp Unternehmung abgestellt ist. Obwohl die Unternehmensberatung immer noch den größten Anteil an betriebswirtschaftlicher Beratung umfasst, werden entsprechende Leistungen zunehmend auch von anderen Organisationstypen in Anspruch genommen.

Im weiteren Sinn zählen auch die innerhalb einer Organisation erbrachten Beratungsleistungen (Inhouse Consulting oder interne Beratung) ebenso zum Consulting wie die Beratung, die im Geschäftsverkehr als

Nebenleistung oder Service erfolgt. Ferner wird der Consulting-Begriff auch bei technischen Fragestellungen verwendet, z.B. beim Engineering Consulting.

Coopetition

Kooperation von Wettbewerbern im Sinn der Bildung von strategischen Allianzen, um durch die Bildung von Wertschöpfungsnetzen Erträge zu stabilisieren bzw. zu optimieren. Coopetition verhindert einen ruinösen Preiswettbewerb und führt damit zu Wettbewerbsvorteilen für beide Anbieter (Win-Win-Strategie).

Corporate Governance

Corporate Governance bezeichnet den rechtlichen und faktischen Ordnungsrahmen für die Leitung und Überwachung eines Unternehmens. Unvollständige Verträge und unterschiedliche Interessenlagen bieten den Stakeholdern prinzipiell Gelegenheiten wie auch Motive zu opportunistischem Verhalten. Regelungen zur Corporate Governance haben grundsätzlich die Aufgabe, durch geeignete rechtliche und faktische Arrangements die Spielräume und Motivationen der Akteure für opportunistisches Verhalten einzuschränken.

Corporate Identity

1. *Corporate Identity als Kommunikationskonzept:* Das Corporate Identity-Konzept kann als ein strategisches Konzept zur Positionierung der Identität oder auch eines klar strukturierten, einheitlichen Selbstverständnisses eines Unternehmens, sowohl im eigenen Unternehmen als auch in der Unternehmensumwelt, gesehen werden. Die strategische Verknüpfung eines solchen Konzepts liegt darin, dass im Rahmen einer Positionierung dieses Selbstverständnisses und Selbstbildes auch eine Reihe zentraler strategischer Elemente wie Technologieorientierung, Produkt-/Marktfelder, strategische Grundorientierungen, Beziehung zu Mitarbeitern, Abnehmern, Lieferanten und Konkurrenten, verhaltenssteuernde Normen etc. geklärt werden müssen. Über die Entwicklung eines deutlichen

„Wir-Bewusstseins" soll das Corporate Identity-Konzept nach innen eine Unternehmenskultur als Netzwerk von gelebten Verhaltensmustern und Normen etablieren und sicherstellen, dass die Vielzahl der Entscheidungsbeteiligten auf der Basis eines einheitlichen Unternehmensbildes bzw. Firmenimages und Unternehmensleitbildes entscheidet und handelt. Dadurch wird eine wesentlich höhere Kompatibilität und Synergie der Unternehmensaktivitäten ermöglicht sowie über die Identifikation mit dem Unternehmen und deren Politik erhebliches Motivationspotenzial freigesetzt. Nach außen geht es darum, dass die durch verbales und nonverbales Verhalten gesendeten Signale mit dem erarbeiteten Konzept übereinstimmen und so bei den verschiedenen Adressatenkreisen wie Öffentlichkeit, Kunden, Presse, Kapitalgeber, Lieferanten, potenzielle Arbeitnehmer etc., den Aufbau eines Firmenimages ermöglichen, die mit dem Corporate Identity-Konzept übereinstimmen; man kann hier von *Image-Fit* sprechen.

2. *Corporate Identity als Konzept strategischer Unternehmensführung:* Das Corporate Identity-Konzept ist in diesem Sinn nicht nur ein Kommunikationskonzept, sondern ein zentraler Bestandteil der strategischen Unternehmensführung und -planung und eine wesentliche Erfolgsvoraussetzung zu einer kontinuierlichen und strategiekonformen Umsetzung strategischer Konzepte ins operative Geschäft. Die Geschlossenheit und Konsistenz der Strategieumsetzung, der Strategie-Fit ist dabei eine der Stoßrichtungen von Corporate Identity-Konzepten.

3. *Elemente:*

(1) Corporate Behaviour,

(2) Corporate Communication und

(3) Corporate Design.

Cross-Impact-Analyse

Interaktionsanalyse; quantitative Methode, die Wechselwirkungen zwischen den relevanten Faktoren, Trends, Ereignissen etc. eines bestimmten

Problemfeldes (Interaktionseffekte) aufzeigt und damit Verständnis für Zusammenhänge schaffen soll.

Ziel ist die Identifikation möglicher Kettenreaktionen im Problemfeld als Basis für die Bildung von Szenarien (Szenario-Technik). Das *Darstellungsmittel* ist die Cross-Impact-Matrix.

Customizing

Planung, Steuerung und Kontrolle aller auf den Markt ausgerichteten Unternehmensaktivitäten mit dem Ziel der Erlangung eines Wettbewerbsvorteils durch individuelle Befriedigung der Kundenbedürfnisse. Die Differenzierung von Produkten und Dienstleistungen ist eine Reaktion auf den gesellschaftlichen Individualisierungsprozess, der sich in zunehmendem Maße auch im individualisierten Käufer- und Konsumentenverhalten widerspiegelt.

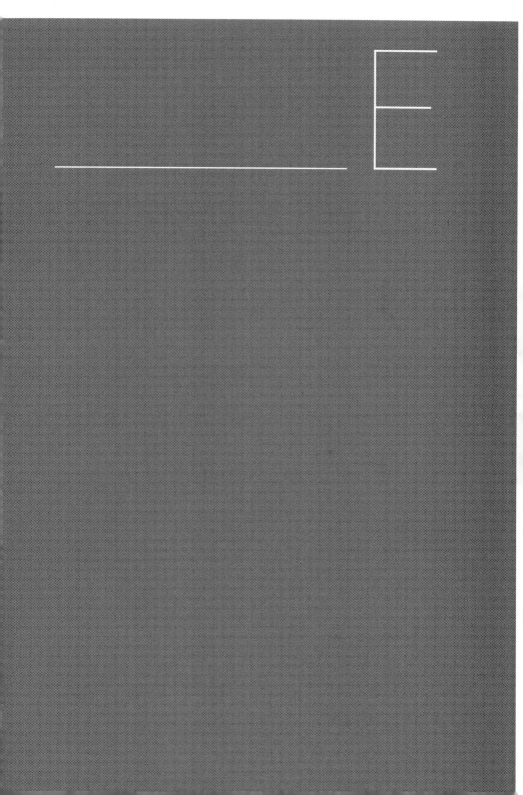

EKS

Abkürzung für *energo-kybernetisches System, engpassorientiertes System*. Eine Managementlehre, der eine Sicht von Manager, Umwelt und zu steuerndem Unternehmen als System zugrunde liegt. D.h., dass die Elemente sich nur in gemeinsamer Abstimmung miteinander entwickeln können. Die Beseitigung von Engpässen (Bedürfnisbefriedigung oder Problemlösung auf der Seite des Kunden und Kräftekonzentration auf der Seite des Unternehmens) wird somit zum Ziel von Management. Die EKS wird bereits in verschiedenen Problemfeldern erfolgreich angewandt.

Empowerment

1. *Begriff:* Englisch für *Bevollmächtigung;* in den USA gebräuchliche Bezeichnung für vom Management initiierte Maßnahmen, die die Autonomie und Mitbestimmungsmöglichkeiten von Mitarbeitern rund um ihren Arbeitsplatz erweitern. Empowerment bezeichnet somit die Weitergabe von Entscheidungsbefugnissen und Verantwortung durch Vorgesetzte an Mitarbeiter. Empowerment konkretisiert sich u.a. in einer (weitgehend) selbstbestimmten Gestaltung des Arbeitsablaufs, dem Zugang zu gewünschten Informationen und intensivierter (aufgabenbezogener) Kommunikation mit Kollegen und Vorgesetzten.

2. *Vorteile* des Empowerments sind auf organisationaler Ebene der Abbau von Hierarchie, weniger Bürokratie und Leistungsoptimierung sowie auf Mitarbeiterebene motivationale Effekte. Mit Ansätzen zur Mitbestimmung und zur Humanisierung der Arbeit ist Empowerment nur bedingt vergleichbar.

Entrepreneurship

Entrepreneurship bezeichnet zum einen das Ausnutzen unternehmerischer Gelegenheiten sowie den kreativen und gestalterischen unternehmerischen Prozess in einer Organisation, bzw. einer Phase unternehmerischen Wandels, und zum anderen eine wissenschaftliche Teildisziplin der Betriebswirtschaftslehre. Die Entrepreneurship-Forschung (auch Gründungsforschung) präsentiert sich als ein interdisziplinäres

Forschungsgebiet. Neben betriebswirtschaftlichen Theorien kommen im Rahmen von Forschungsarbeiten unter anderem auch methodische Ansätze aus der Volkswirtschaftslehre, der Geografie, der Soziologie, der Psychologie und der Rechtswissenschaft zum Einsatz.

Erfahrungskurve

1. *Charakterisierung:* Grundgedanke der Erfahrungskurve ist das bekannte Phänomen, dass die Produktivität mit dem Grad der Arbeitsteilung steigt. Diese Erkenntnis findet Eingang in den *Lernkurveneffekt*, der besagt, dass mit zunehmender Ausbringung die Arbeitskosten sinken. Die Aussage der Lernkurve wird auf die Verdopplung der kumulierten Produktionsmenge x bezogen, die ein Sinken der direkten Fertigungskosten y (bzw. Lohnkosten/ Mengeneinheit) um einen konstanten Prozentsatz bewirkt.

2. *Aussage:* Bei der Erfahrungskurve wird die Aussage der Lernkurve auf die Stückkosten erweitert: Die realen Stückkosten eines Produktes gehen jedes Mal um einen relativ konstanten Anteil (20–30 Prozent) zurück, sobald sich die in Produktmengen ausgedrückte Produkterfahrung verdoppelt. Die Stückkosten umfassen die Kosten der Produktionsfaktoren, die an der betrieblichen Wertschöpfung beteiligt sind (Fertigungskosten, Verwaltungskosten, Kapitalkosten etc.). Die Aussage der Erfahrungskurve

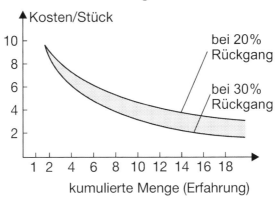

Erfahrungskurve

gilt sowohl für den Industriezweig als Ganzes als auch für den einzelnen Anbieter; inzwischen wurden auch Erfahrungskurveneffekte in nichtindustriellen Branchen (z.B. Lebensversicherungen) nachgewiesen. 3. *Prämisse:* Alle Kostensenkungsmöglichkeiten (Lerneffekt, Betriebs- und Losgrößendegressionseffekte, Produkt- und Verfahrensinnovation etc.) werden genutzt. Die Problematik dieser Prämisse, die Erfahrungskurve trotz ihres quantitativen Ansatzes eher als ein qualitatives, grundlegendes Denkschema und Verhaltensmodell zu sehen, liegt nahe; sie trifft im Allgemeinen lediglich Tendenzaussagen zum Kostenverlauf.

Existenzgründer

1. *Begriff im Rahmen des Bürgerlichen Rechts:* Natürliche Person, die eine gewerbliche oder selbstständige berufliche Tätigkeit aufnimmt (§ 507 BGB). Der Existenzgründer wird beim Darlehensvermittlungsvertrag und beim Verbraucherdarlehen und sonstigen Finanzierungshilfen wie ein Verbraucher und nicht wie ein Unternehmer behandelt, es sei denn der Nettodarlehensbetrag oder Barzahlungspreis übersteigt 50.000 Euro.

2. *Begriff im Rahmen der Einkommensteuer:* Die gesonderte Behandlung von Existenzgründern per se wurde abgeschafft und in die generelle Förderung kleiner und mittlerer Betriebe überführt.

3. *Auswirkungen:* Kleine und mittlere Betriebe können gemäß § 7g EStG einen Investitionsabzugsbetrag steuerlich geltend machen. Dieser hat im Rahmen des Unternehmensteuerreformgesetzes 2008 die sogenannte Ansparabschreibung für Existenzgründer abgelöst.

F – G

Feindliche Übernahme

Kauf eines Unternehmens (Mergers & Acquisitions) durch ein anderes Unternehmen, der gegen den Willen des Managements des übernommenen Unternehmens erfolgt.

Freeze-out

1. *Begriff* des US-amerikanischen Gesellschaftsrechts. Es handelt sich um eine Maßnahme der Kontrollmehrheit einer Aktiengesellschaft (AG), die dazu führt, dass Minderheitsaktionäre unfreiwillig ihre Beteiligung an der Gesellschaft verlieren.

2. *Formen:*

(1) Auflösung der Gesellschaft und Neugründung ohne die Minderheitsaktionäre;

(2) Veräußerung des Betriebsvermögens (Sale of Assets) an eine von der Kontrollmehrheit neugegründete Gesellschaft, dann Auflösung der alten Gesellschaft;

(3) Zusammenlegung von Aktien zur Reduzierung der Zahl der Aktionäre (Reverse Stock Split). Die Minderheitsaktionäre, die nur noch über Bruchteile einer Aktie verfügen, werden in Geld ausgezahlt und scheiden aus der Gesellschaft aus;

(4) Verschmelzung (Merger) mit einer von den Mehrheitsaktionären beherrschten Gesellschaft. Die Minderheitsaktionäre erhalten lediglich rückkaufbare Vorzugsaktien, Schuldverschreibungen oder Bargeld (häufigste Form des Freeze-Out).

Zentrales *Problem* des Freeze-Out ist der Schutz der Minderheitsaktionäre, besonders ihr angemessener Wertausgleich.

3. *Nach deutschem Aktienrecht* (§ 327a AktG) kann die Hauptversammlung einer Aktiengesellschaft oder Kommanditgesellschaft auf Aktien auf Verlangen eines Aktionärs, dem Aktien in Höhe von 95 Prozent des Grundkapitals gehören (Hauptaktionär), die Übertragung der Aktien der Minderheitsaktionäre gegen angemessene Barabfindung beschließen.

Einzelheiten über die Festlegung der Höhe der Barabfindung, die Vorbereitung und Durchführung der Hauptversammlung, die Eintragung des Übertragungsbeschlusses und die gerichtliche Nachprüfung der Abfindung in den §§ 327b–f AktG.

Führungsmodelle

I. *Allgemeines*

1. *Begriff:* Modelle zur Unterstützung der Führung als Managementfunktion. Normative Denkmodelle, die Aussagen dazu treffen, wie die Funktion „Führung" unter bestimmten Bedingungen im Unternehmen ausgeübt werden sollte.

2. *Bedeutung:* Führungsmodelle werden teilweise sehr kritisch betrachtet; einige haben im Zusammenhang mit der Führungsphilosophie eines strategischen Managements Beachtung gefunden, in der Annahme, sich über Führungsmodelle dem Phänomen der Unternehmenskultur konzeptionell nähern zu können.

II. *Wichtige Einzelmodelle*

1. *Theorie Z:* Sie basiert auf einem durch Ouchi (1981) durchgeführten Vergleich der Führung in amerikanischen und japanischen Unternehmen mit dem Ergebnis, dass die erfolgreichen amerikanischen Unternehmen in ihrem Führungsstil den japanischen sehr nahe kommen. Unternehmen vom Typ Z zeichnen sich durch eine etablierte und homogene Unternehmenskultur aus. Ouchi schlägt darauf aufbauend ein 13-Stufen-(Organisations-)Entwicklungsmodell zu einer Organisation vom Typ Z für die weniger erfolgreichen amerikanischen Unternehmen vor. Dabei zielt er ab auf Umorientierung der Aufmerksamkeit auf die menschlichen Beziehungen in der gesamten Organisationsgemeinschaft.

2. *7F-Modell:* Das von McKinsey (Pascale und Athos, 1981) entwickelte Führungsmodell weist auf die Notwendigkeit hin, dass es zur Erreichung der Unternehmensziele folgende 7F optimal zu nutzen und aufeinander abzustimmen gilt: Führungsstrategie, Führungsfähigkeiten, Führungssystem, Führungsstil, Führungsstruktur, Führungsziele/Leitmotive sowie das

Ziel- und Wertesystem der Führungskräfte. Dabei gibt es keine allgemein-verbindliche Lösung; vielmehr muss jedes Unternehmen ein eigenes und nur für sich selbst „optimales" 7F-Profil entwickeln.

3. *Strategische Erfolgsposition:* Das von Pümpin (1982) entwickelte Füh-rungsmodell betont die Notwendigkeit der Abstimmung von Strategie, Kultur und Führungssystemen (Misfit-Analyse). Unter Erfolgsposition ist eine in einer Unternehmung durch den Erwerb von Fähigkeiten bewusst geschaffene Voraussetzung zu verstehen, die es diesem ermöglichen soll, im Vergleich zur Konkurrenz überdurchschnittliche Ergebnisse zu erzielen. Sie darf von der Konkurrenz nicht ohne weiteres kopierbar sein und muss auf Voraussetzungen basieren, die von hoher Zukunftsträchtigkeit sind. Um ihren langfristigen Erfolg zu sichern, müssen alle führungsrelevan-ten Systeme auf den Ausbau der strategischen Erfolgsposition ausgerich-tet werden: Machtzentren, Mitarbeiterentwicklung, Berichtswesen, Stra-tegien, Planung, Disposition, Organisation, Führungsstil, Managementein-satz und Arbeitsmethodik.

Gap-Analyse

1. *Begriff: Lückenanalyse;* Instrument des strategischen Managements.

2. *Ziel:* Darstellung von Abweichungen zwischen auf unterschiedli-chen Annahmen basierenden, zukünftigen Entwicklungsverläufen des Geschäfts (Gap, Lücke). Es erfolgen Interpretation dieser Lücke und Vor-schläge zu ihrer Schließung.

3. *Darstellung der Gap-Analyse in einem Koordinatensystem:* Auf der Ordi-nate steht der Lückenindikator (z.B. der Umsatz), auf der Abszisse die Zeit. Die unterste Kurve ist in der Regel die Extrapolation des Basisge-schäfts. Die oberste Kurve stellt die Entwicklung des Geschäfts unter der Annahme dar, dass alle Potenziale des Unternehmens genutzt werden, um zukünftige Gelegenheiten wahrzunehmen und Gefahren zu umgehen; es können zukünftig zu erwartende Veränderungen im Bestand der Potenzi-ale des Unternehmens mit einbezogen werden (Potenzialanalyse).

Gap-Analyse

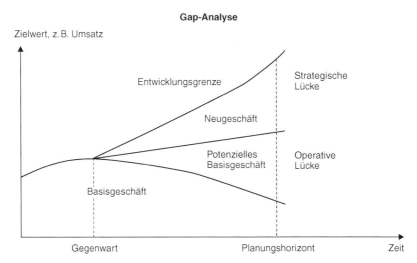

Zielwert, z. B. Umsatz

Entwicklungsgrenze

Strategische Lücke

Neugeschäft

Potenzielles Basisgeschäft

Operative Lücke

Basisgeschäft

Gegenwart — Planungshorizont — Zeit

3. *Folgerungen:* Die Lücke zwischen den auf unterschiedlichen Annahmen zur Nutzung der Potenziale des Unternehmens basierenden Entwicklungslinien ist Anlass zu Überlegungen hinsichtlich Veränderungen in den Wertschöpfungsstrategien (z.B. Marktdurchdringung über neue Produkte), die die Lücke schließen könnten.

4. *Differenzierung:* Die Gesamtlücke kann auch differenzierter betrachtet werden, z.B. über Unterteilung in operative und strategische Lücke. Ihre Trennungskurve ist die Entwicklungslinie des Geschäfts unter der Annahme der bestmöglichen Nutzung aller bestehenden Potenziale, während die Obergrenze der strategischen Lücke auch zukünftig zu erwartende Potenzialveränderungen mit einschließt.

5. *Beurteilung:* Die Gap-Analyse ist ein eher grobes, wenig differenziertes und exploratives Instrument. Vertiefende Methoden der strategischen Analyse, z.B. Produkt/Markt-Matrix oder Portfolio-Analyse, sollten sich deshalb der Gap-Analyse anschließen.

Gemeinkostenwertanalyse

1. *Begriff:* Verfahren zur Reduzierung von (Kostenträger-)Gemeinkosten, besonders im Bereich der mit Verwaltungsaufgaben befassten

Kostenstellen; spezielle Form der Wertanalyse. Synonym benutzt werden *administrative Wertanalyse, Gemeinkosten-System-Engineering, Overhead Value Analysis, Value Administration.*

2. *Vorgehensweise:* Auf der Basis von Analysen des Verhältnisses von Kosten und Nutzen jeder Leistung der Gemeinkostenbereiche („Infrastruktur") wird mit Kreativitätstechniken ermittelt, wo sich Kosten einsparen lassen, ohne dass Nutzen verloren geht.

3. *Phasen:*

a) *Vorbereitungsphase:* Umfasst u.a. die Vorbereitung und Schulung der Beteiligten, die Projektorganisation und die Projektplanung.

b) *Analysephase:* Kostenstelle für Kostenstelle werden von den dort Verantwortlichen die jeweils erstellten Leistungen erfasst, deren Kosten abgeschätzt, die Kosten dem vermuteten Nutzen der jeweiligen Leistungen gegenübergestellt, für die Leistungen mit schlechtem Kosten-Nutzen-Verhältnis Einsparungsvorschläge unterbreitet, für diese konkrete Realisationspläne entwickelt und diese Pläne einem zentralen Lenkungsausschuss zugeleitet. Dieser überprüft in Zusammenarbeit mit dem Betriebsrat die Durchsetzbarkeit der Maßnahmen.

c) *Durchführungsphase:* Die in der Analysephase entwickelten Pläne bzw. Maßnahmen werden realisiert.

4. *Bedeutung:* Innerhalb eines strategischen Managements bietet die Gemeinkostenwertanalyse ein methodisches Gerüst für die Formulierung von Rationalisierungsstrategien zur Verbesserung der Wettbewerbsposition des Unternehmens.

Geschäftsmodell

1. *Ursprung:* Der Begriff *Geschäftsmodell* hat sich insbesondere im Zeitraum von 1998 bis 2001 etabliert. Dies belegt eine Studie zur Nennungshäufigkeit des Begriffs „Geschäftsmodell" in Wirtschaftszeitungen wie WirtschaftsWoche, Focus Magazin, Capital, Frankfurter Allgemeine Zeitung und Financial Times Deutschland.

2. *Abgrenzung Geschäftsmodell und Strategie:* Forschende in der Betriebswirtschaftslehre sind sich größtenteils einig, dass die Begriffe *Strategie* und *Geschäftsmodell* verschiedenes bezeichnen. Trotzdem werden beide Begriffe insbesondere in nichtwissenschaftlichen, teilweise aber auch in wissenschaftlichen Publikationen als Synonyme verwendet. Gemäß Magretta beschreibt ein Geschäftsmodell die Funktion einzelner Komponenten einer Unternehmung sowie deren Interaktion. Ein Geschäftsmodell tätigt damit keine Aussagen zur Wettbewerbssituation. Im Gegensatz dazu beschreibt eine Strategie, wie sich ein Unternehmen im Verhältnis zur Konkurrenz abgrenzen und einen nachhaltigen Wettbewerbsvorteil erarbeiten kann.

3. *Unterschiedliche Definitionen:* Seit 1998 wurden viele Definitionen von Geschäftsmodellen vorgeschlagen; manche Definitionen sind detaillierter, andere kompakter. Trotzdem konnte bisher noch keine allgemeingültige Definition erarbeitet werden. Zott et al. bieten eine umfangreiche Übersicht zu den aktuellen Definitionen. Timmers lieferte eine der ersten Definitionen für ein Geschäftsmodell (1998): „... an architecture for the product, service and information flows, including a description of the various business actors and their roles, and a description of the potential benefits for the various business actors, and a description of the sources of revenues". Eine neue, relative kurze Definition haben Osterwalder und Pigneur (2010) beigetragen: „A business model describes the rationale of how an organization creates, delivers, and captures value." Bieger und Reinhold (2011) liefern eine der detailliertesten Definitionen: „Ein Geschäftsmodell beschreibt die Grundlogik, wie eine Organisation Werte schafft. Dabei bestimmt das Geschäftsmodell,

(1) was ein Organisation anbietet, das von Wert für Kunden ist,

(2) wie Werte in einem Organisationssystem geschaffen werden,

(3) wie die geschaffenen Werte dem Kunden kommuniziert und übertragen werden,

(4) wie die geschaffenen Werte in Form von Erträgen durch das Unternehmen „eingefangen" werden,

(5) wie die Werte in der Organisation und an Anspruchsgruppen verteilt werden und

(6) wie die Grundlogik der Schaffung von Wert weiterentwickelt wird, um die Nachhaltigkeit des Geschäftsmodells in der Zukunft sicherzustellen.")

4. *Geschäftsmodelltypologie*: Bisher hat sich noch kein eindeutiges System an Geschäftsmodelltypen herausgebildet. Im Folgenden findet sich eine unvollständige Aufzählung von weit verbreiteten Geschäftsmodelltypen:

(1) *Unbundling business models* (entflechtungs-orientiertes Geschäftsmodell): Geschäftsmodelle, welche die drei Bereiche Kundenbeziehungen, Produktinnovation sowie Bereitstellung und Wartung von Infrastrukturen zu unterschiedlichen Ausprägungen vereinen (Beispiel: Deutsche Telekom, Swisscom).

(2) *Long-tail business model* (Nischenprodukt-orientiertes Geschäftsmodell): eine überlegene Logistik ermöglicht es einem Unternehmen, normalerweise unrentable Nischenprodukte anzubieten (Beispiel: Amazon.com, Ebay.com).

(3) *Multi-sided platform business model* (mehrseitiges Plattform-Geschäftsmodell): Eine Plattform ermöglicht die Interaktion von zwei oder mehr unabhängigen Gruppen. Der Wert für eine einzelne Gruppe entsteht durch die Präsenz einer anderen Gruppe (Beispiel: Google.com; die Gruppen sind Werbekunden und Suchmaschinennutzer. Je mehr Nutzer, die Google-Suchmaschine verwenden, desto mehr Daten hat Google, um die Suchergebnisse zu verbessern. Und je größer der Marktanteil der Google-Suchmaschine, desto mehr Werbekunden platzieren ihre Anzeigen mittels Google. Das wiederum stärkt Googles Verhandlungsposition zur Preisgestaltung. In diesem Geschäftsmodell gibt es mehrere positive leistungsstarke Regelkreise.)

(4) *Freemium business model* (Freemium-Geschäftsmodell): eine Standard-Dienstleistung wird unentgeltlich angeboten; erweiterte Funktionalitäten bedürfen eines kostenpflichtigen Abonnements (Bespiel: Xing Online Community).

(5) *Tied products business model* (Verbundene-Produkte-Geschäftsmodell): ein kostengünstiges oder unentgeltliches Erstprodukt oder Dienstleistung motiviert die Nutzung zukünftiger kostenpflichtiger Ersatzprodukte oder Dienstleistungen (Beispiel: Gillette, HP Farbtintenstrahldrucker). Auch bekannt als Bait-and-Hook- oder Razorblade-Geschäftsmodelle.

(6) *Open business model* (offenes Geschäftsmodell): ein auf Kooperationen basiertes Geschäftsmodell, welche externe Experten nutzt, um Werte zu schaffen und zu sichern (Beispiel: GlaxoSmithKilne).

5. *Nutzen eines Geschäftsmodells*: Ein Geschäftsmodell zeigt die logischen Zusammenhänge der Geschäftätigkeit eines Unternehmens auf. Laut Bieger (2011) ergeben sich durch Verwendung einer Geschäftsmodellperspektive drei konkrete Nutzenkomponenten.

Der erste Nutzen bietet die Analyse des aktuellen Geschäftsmodells. Sie stellt die Geschäftätigkeit einer Unternehmung und deren Beziehungen in vereinfachter Weise dar. Die wesentlichen Elemente des Geschäftsmodells sowie deren systemische Beziehungen werden aufgezeigt. Dieser Analyseprozess führt zu einer Konkretisierung von Teilen des Geschäftsmodells sowie zu einer konsistenten und integrierten Ausgestaltung der aktuellen logischen Zusammenhänge im Unternehmen.

Der zweite Nutzen ist die Planung des zukünftigen Geschäftsmodells, welche dazu dient, bestehende Tätigkeiten sowie das bestehende Geschäftsmodell weiterzuentwickeln.

Der dritte Nutzen besteht in einer einfacheren Kommunikation mit Anspruchsgruppen. Mithilfe eines Geschäftsmodells wird die Kommunikation bei der Geschäftätigkeit und deren Grundmechanismen in einem vereinfachten und strukturierten Bild gegenüber internen und externen

Anspruchsgruppen dargelegt. Insbesondere die Mechanismen der Wert-
schaffung zur Umsetzung der Organisations- bzw. Unternehmensstrategie können plausibel erklärt werden.

Gesellschaftliche Strategien

1. *Begriff:* Strategien innerhalb eines strategischen Managements mit dem
Ziel, Unternehmen gegenüber der öffentlichen Meinung zu positionieren.
Gesellschaftliche Strategien erscheinen zunehmend erforderlich: Unternehmen und Produkte zeigen eine immer größer werdende Anfälligkeit
gegenüber sozialen Konflikten. Gesellschaftspolitische Diskussionen und
Auseinandersetzungen treten derzeit vor allem in den Bereichen Umwelt-,
Gesundheits-, Konsumentenschutz, Sozialpolitik und Beziehungen zur
Dritten Welt auf. Gesellschaftspolitischer Handlungsbedarf ist erforderlich; derartige Auseinandersetzungen, die größtenteils öffentlich ausge-
tragen werden, verlangen neuartige Fähigkeiten vom Management, eigen-
ständige gesellschaftliche Strategien und oft auch andere Organisationsstrukturen.

2. *Ansätze:*

a) *Strategischer Ansatz:* Die externen Probleme der Interaktion zwischen
    Unternehmung und sozio-ökonomischem Umfeld werden untersucht;
    Fragen der Kommunikation mit dem Umfeld, frühzeitige Identifika-
    tion von neuen Ereignissen und Entwicklungen im Umfeld (strategi-
    sche Frühaufklärung) und Handlungs- und Kommunikationsstrate-
    gien gegenüber dem Umfeld.

b) *Organisatorischer Ansatz:* Die internen Gestaltungsprobleme der
    Organisationsstrukturen und der Führungssysteme werden unter-
    sucht: Diskussion, wie eine gesellschaftsbezogene Unternehmenspo-
    litik intern durchgeführt werden kann und wie andererseits die Auf-
    nahme und Verarbeitung von Umfeldereignissen organisatorisch ver-
    wirklicht werden sollte.

c) *Führungsbezogener Ansatz:* Aufgabe und Rolle der Führungsspitze im Interaktionsprozess zwischen Unternehmung und Gesellschaft werden untersucht.

Organisatorischer und führungsbezogener Ansatz befassen sich mit der Transformation der bereits erfassten Umfeldereignisse in strategische Reaktionen. Dabei ist es wichtig, dass gesellschaftliche Strategien nicht nur reaktiv entwickelt werden, sondern dass über einen proaktiven Ansatz bereits laufend eine vertrauensbildende Politik gegenüber der Öffentlichkeit betrieben wird.

Gesellschaftliche Verantwortung der Unternehmensführung

Forderung an Manager von (Groß-)Unternehmen (Unternehmensverfassung).

1. *Idee:* Freiwillige Einbeziehung der Interessen verschiedener Bezugsgruppen und Anspruchsgruppen der Unternehmung (Konsumenten, Arbeitnehmer, Geldgeber, Gesellschaft) in unternehmerische Entscheidungen. Bei Konflikten ist es Aufgabe der Unternehmensführung (Manager), ethisch tragfähige Lösungen zu erarbeiten. Die Idee kann als Reaktion auf die Kritik an der kapitalistischen Unternehmensverfassung, der Machtstellung von (Groß)Unternehmen und den Legitimationsdefiziten der Managerherrschaft in Publikumsgesellschaften verstanden werden.

2. *Herausforderungen* bestehen im Kern in der Vereinbarkeit von ethischen Ansprüchen und dem erwerbswirtschaftlichen Prinzip. Ansatzpunkte hierfür liegen in der investiven Wirkung von Selbstbindungsmechanismen, welche den Aufbau von Reputation, Integrität, Vertrauen usw. ermöglichen.

3. *Operationalisierung und Implementierung* durch Verhaltenskodizes und Instrumente wie Sozialbilanz, Code of Conduct oder Deutscher Corporate Governance Kodex.

4. *Kritik:*

a)   Von *wirtschaftsliberaler* Seite: Kollektivistisch und unvereinbar mit den Prinzipien einer freiheitlichen Marktwirtschaft, sofern das erwerbswirtschaftliche Prinzip vernachlässigt wird.

b)   Aus *demokratietheoretischer* Sicht: Elitär-personalistischer Lösungsansatz.

c)   *Weitere Kritikpunkte:* Mangelhafte Operationalität der zu berücksichtigenden Interesseninhalte; pseudo-normative Leerformel.

5. *Bedeutung:* Keine Alternative zur Reform der Unternehmensverfassung, aber im Rahmen der Unternehmensethik und Corporate Social Responsibility von Bedeutung.

Gründungsidee

Bezeichnet den Geschäftsgegenstand eines potenziellen Gründungsunternehmens. Gründungsideen können einer beruflichen Tätigkeit der Gründer (Existenzgründer) entstammen oder privat entstanden sein. Je nach Auslöser unterscheidet man zwischen Geschäftsideen, die aus der Wahrnehmung eines nicht gedeckten Kundenbedürfnisses entstanden sind, und solchen, denen eine technologische Innovation bzw. noch nicht für ein Produkt genutzte Technologie zugrunde liegt.

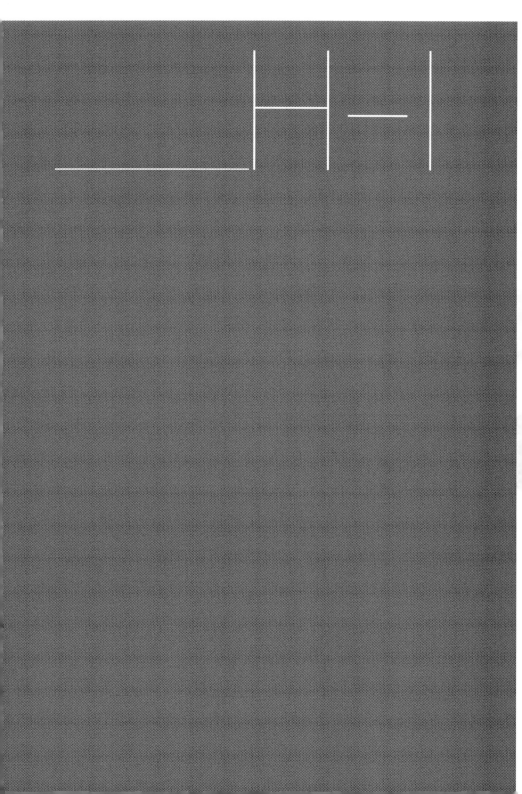

Harvard-Konzept

Verhandlungsmethode, die auf vier Grundsätzen zum Führen erfolgreicher Verhandlungen aufbaut:

(1) Der Verhandlungsgegenstand und die verhandelnden Personen sollten voneinander getrennt behandelt werden.

(2) Im Mittelpunkt der Verhandlungen sollten die Interessen der Verhandelnden, nicht ihre Positionen stehen.

(3) Vor einer Entscheidung sollten verschiedene Wahlmöglichkeiten offen gelegt und geprüft werden.

(4) Das Ergebnis der Verhandlung sollte auf objektiven Entscheidungsprinzipien aufbauen.

Innovation

I. *Allgemeines*

Bezeichnung in den Wirtschaftswissenschaften für die mit technischem, sozialem und wirtschaftlichem Wandel einhergehenden (komplexen) Neuerungen.

Bisher liegt *kein geschlossener, allgemein gültiger* Innovationsansatz bzw. keine allgemein akzeptierte Begriffsdefinition vor. Gemeinsam sind allen Definitionsversuchen die *Merkmale:*

(1) *Neuheit* oder *(Er-)Neuerung* eines Objekts oder einer sozialen Handlungsweise, mindestens für das betrachtete System und

(2) *Veränderung* bzw. *Wechsel* durch die Innovation in und durch die Unternehmung, d.h. Innovation muss entdeckt/erfunden, eingeführt, genutzt, angewandt und institutionalisiert werden.

II. *Betriebswirtschaftslehre*

1. *Begriffsinterpretationen:*

(1) *Leitvorstellung* bzw. *Denkhaltung von Unternehmern und Managern:* Beim innovativen Unternehmen z.B. finden Neuerungen ihren Niederschlag in der Unternehmens- und Produktpolitik;

(2) *Sozialtechnologie,* z.B. als Programme oder Ansätze zur Beschreibung, Erklärung und Beeinflussung des geplanten organisatorischen Wandels;

(3) *strategisches Konzept:* (Technische) Innovationen dienen als „Waffe" im (internationalen, technologischen) Wettbewerb und helfen dem Unternehmen, Wachstum zu erzielen;

(4) *analytische Variable* (bei gesamtwirtschaftlicher Betrachtungsweise): Innovation bzw. technischer Fortschritt ist das erklärende Moment, warum eine Produktionsfunktion eine nächsthöhere Stufe der wirtschaftlichen Entwicklung oder des Wachstums erreicht.

2. *Betrachtungsweisen:*

a)   Innovation als *Problem:*

(1) An- und Verwendung von Erfindungen (Inventionen) ist das Problem (Hier ist die Lösung, wo ist das Problem?).

(2) Für viele Probleme werden keine Ideen, Forschungs- und Entwicklungsergebnisse oder Inventionen gefunden, weil man sie nur in eingegrenzten Lösungsräumen zu finden sucht, Kreativitätstechniken und teamartige Projektgruppen für innovative Problem- und Aufgabenstellungen sind Lösungsalternativen (Hier ist das Problem, wo ist die Lösung?).

(3) Für Kundenprobleme müssen Innovationen gefunden werden, die ihnen helfen, durch deren An- und Verwendung ihre Probleme zu lösen (Hier ist unsere Kundengruppe, wo ist deren Problem und wo ist unsere Lösung für deren Problem?).

b)   Innovation als *Objekt:* Innovation ist eine subjektiv neue Idee, Verfahrensweise (Prozess-Innovation) oder ein neues Produkt (Produkt-Innovation); das „neue Objekt" bildet den Gegenstand der Untersuchung, wie man ihn vorwiegend bei Arbeiten aus der Diffusionsforschung findet (Adoption, Diffusion).

c) Innovation als *Prozess:* Innovation ist ein Prozess, der sich von der Exploration und Analyse eines Problems, der Ideensuche und -bewertung, Forschung, Entwicklung und Konstruktion, Produktions- und Absatzvorbereitung bis zur Markteinführung, d.h. in mehreren Phasen innerhalb und außerhalb der Organisation, abspielen kann; es benötigt ein institutionalisiertes unternehmerisches Subsystem (Technologiemanagement), wenn die Innovation nicht dem Zufall überlassen werden soll. Die einzelnen Phasen sowie ihre Gesamtheit bilden Untersuchungsgegenstände, z.B. Forschung und Entwicklung (F&E), betriebliche Organisationsforschung, Marketing, strategisches Management oder Industrieökonomik.

3. *Organisatorische Aspekte:*

a) Aufgrund dieses vielfältigen komplexen und dynamischen Problemfeldes (technischer) Innovation ist Innovation *Führungsaufgabe strategischer und operativer Art.* Technologischer sowie wirtschaftlicher Vollzug erfolgen in drei betrieblichen *Teilprozessen:*

(1) Forschungs- und Entwicklungsvorhaben werden innerhalb oder außerhalb der Unternehmung erfolgreich durchgeführt; Ergebnisse der Forschung, Entwicklung sowie Konstruktion, Inventionen bzw. „Innovationsideen" werden der Unternehmung ausreichend zur Verfügung gestellt (Technologietransfer).

(2) Die Führung erkennt die ökonomische Relevanz der Forschungs- und Entwicklungsergebnisse/Investitionen (technologische Voraussagen, Technologiefolgenabschätzung) und besitzt die Innovationsbereitschaft und -fähigkeit, die ursprünglichen Erfindungen produktionsreif zu entwickeln, herzustellen und zu vermarkten bzw. als Verfahrensinnovationen einzusetzen.

(3) Ein Technologiemanagement wird institutionalisiert, um eigene Forschungs- und Entwicklungsvorhaben oder technisches Know-how durch Technologietransfer nicht der Eigendynamik und dem Zufall zu überlassen, sondern gezielt eine Innovation zu erzielen.

b) Mit dem Führungsproblem rücken weitere Aspekte und Faktoren von (technischen) Innovationen im Unternehmen in den Vordergrund: Die Notwendigkeit von Innovation für Unternehmen führt im konkreten Innovationsprozess zu *inner- und außerbetrieblichen Folgeproblemen* (erhebliche Innovationswiderstände, Akzeptanzprobleme), die durch das innovierende Unternehmen als weitere Führungsprobleme mitbewältigt werden müssen:

(1) Das Objekt der Innovation (Produkt-, Material-, Informations- und/ oder Verfahrensinnovation) induziert in der Regel *Sozialinnovationen*, z.B. Veränderungen der Ablauforganisation, Verhaltensänderung bei den Organisationsmitgliedern mittels Organisationsentwicklung, Verhaltensänderungen bei Lieferanten und Kunden.

(2) Innovative Problemstellungen zeichnen sich durch *dominante Merkmale* wie Neuheitsgrad, Komplexität, Unsicherheit/Risiko und Konfliktgehalt aus.

(3) Innovationen werden innerbetrieblich durch *sozial-organisatorische Bedingungen* unterstützt (Zielsystem, Anreizsystem, Führungsstil, Projektmanagement etc.).

(4) *Spezifische Führungsfunktionen, -techniken und -attitüden eines Fach- und Machtpromotors* als Mitwirkungsformen des Managements.

(5) *Schaffung innovationsfördernder Rahmenbedingungen* sowie Erfassung und Förderung „kreativen" Personals mittels betrieblichen Vorschlagswesens, Qualitätszirkeln, Erfinder-Beauftragten etc.

(6) Bereitstellung von *Risikokapital* (Venture-Capital).

(7) Berücksichtigung von marktorientierten Diffusionsbedingungen und -determinanten als Probleme eines *Innovationsmarketings* (Variablen der Kunden, Variablen des Sozialsystems, Variablen und Instrumente des Marketings) als auch wahrgenommene Charakteristika der Innovation durch den potenziellen Kunden (relativer Vorteil, Anschaulichkeit des Vorteils, „spielerische" Aneignungsmöglichkeiten der Vorteile

der Innovation, Neuartigkeit/Komplexität, Grad der Anpassung an bestehende Struktur wie Kompatibilität und Integrationsfähigkeit).

Innovationsmanagement

Innovationsmanagement ist eine betriebliche Kerntätigkeit, die im Wesentlichen an den Eigenschaften einer Innovation ausgerichtet ist und damit Managementaspekte verbindet. Es bedarf der unternehmerischen Relevanz, um eine Neuerung im betriebswirtschaftlichen Sinn als Innovation bezeichnen zu dürfen.

Integriertes Management

Die zunehmende Komplexität und Dynamik der durch das Management zu bewältigenden Aufgaben hat in vielen Unternehmungen zu einer verstärkten organisatorischen Arbeitsteilung und persönlichen Spezialisierung der Mitarbeiter geführt. Die sich auf diesem Wege abzeichnende Tendenz, unverbundene Insellösungen für Teilprobleme zu entwickeln, steht der Forderung nach vernetzten Systemen und ganzheitlichem Verhalten entgegen. Ansätze eines integrierten Managements versuchen, grundsätzliche Interdependenzen von notwendigerweise zu berücksichtigenden Elementen des Managements innerhalb eines umfassenden Bezugsrahmens aufzuzeigen und Methoden für deren gegenseitige Abstimmung bereitzustellen.

Interim Management

Beim Interim Management arbeiten selbstständig tätige Interim Manager für einen definierten Zeitraum (üblicherweise 3-18 Monate) in der Regel in unternehmerischer Verantwortung in einem Unternehmen in einer Führungsposition der ersten und zweiten Ebene. Interim Manager werden in unterschiedlichen Situationen und Aufgabengebieten eingesetzt, z.B. zur Überbrückung bei unvorhersehbaren Vakanzen beim Ausfall einer Führungskraft, zur Restrukturierung und Sanierung, im Projektmanagement, zur Einführung neuer Programme oder bei der Gründung, Übernahme oder Veräußerung von Unternehmen. Vermittelt werden die Einsätze der

Interim Manager über ein persönliches Netzwerk oder einen Interim Provider, ein Unternehmen (oder auch eine Einzelperson), das Interim Manager gewerbsmäßig vermittelt.

Internationales Management

Die Frage, was unter internationalem Management zu verstehen sei und unter welchen Bedingungen dieses in der Unternehmenspraxis vorzufinden ist, wird in der Literatur bis heute nicht übereinstimmend beantwortet. So bleibt z.B. umstritten, ob bei einem gelegentlich in geografisch nahe Auslandsmärkte exportierenden Unternehmen bereits von einem internationalen Management gesprochen werden kann, oder ob eine kritische Schwelle bei Auslandsaktivitäten überschritten sein müsste, bei der mindestens 25 Prozent des Gesamtumsatzes durch ausländische Unternehmenseinheiten erwirtschaftet werden. Jenseits derartiger Fragen nach einem Mindest-Internationalisierungsniveau der Geschäftsaktivitäten besteht allerdings insoweit Einigkeit, dass beim internationalen Management die Konstitution des Unternehmens und die nationalen Führungskonzepte durch das wachsende Auslandsmarktengagement nicht mehr beibehalten werden können. Vereinfacht formuliert beginnt der Übergang vom nationalen Management folglich dort, wo die Besonderheiten der Auslandsmarktbeteiligung eine Neudefinition der Unternehmensstrategien, -strukturen, systeme und -kulturen erzwingen.

Interne Kommunikation

1. *Begriff:* Interne Kommunikation kennzeichnet zum einen eine Führungsfunktion, die mithilfe von Kommunikations- und Verhaltensmanagement ihre Organisation unterstützt. Zum anderen meint interne Kommunikation auf der operativen Ebene die geplanten Kommunikationsinstrumente (mediale und persönliche Kommunikation). Unterschieden werden zudem die strukturelle interne Kommunikation entlang von Konzern-, Abteilungs- oder Teamstrukturen sowie Kommunikationsprozesse (direkt-indirekte, bilaterale-multilaterale) und -flüsse (top-down, bottom-up, horizontal), die die formelle Organisationskommunikation kennzeichnen. Darüber

hinaus umfasst der Begriff auch die informelle Kommunikation, also die aus Unternehmenssicht ungeplante Kommunikation (z.B. Gerüchte).

2. *Ziel:* Das Ziel von interner Kommunikation ist aus strategischer Sicht, Erfolgspotenziale zu sichern, die sich aus den Unternehmenszielen ableiten, indem anhand von Wahrnehmungs-, Verständnis- und Identifikationsbeiträgen Motivation auf- bzw. Widerstand abgebaut wird. Aus konzeptioneller Sicht greift sie hierfür auf die Corporate Identity und das interne Markenmanagement zurück. Aus operativer Sicht verfolgt sie dazu informative, edukative und/oder emotionale Ziele. Aus gesetzlicher Sicht hat die interne Kommunikation dabei die Ziele der Pflichtkommunikation der Paragraphen 81 ff. des Betriebsverfassungsgesetzes zu erfüllen wie die Unterrichtungs- und Erörterungspflichten des Arbeitgebers, beispielsweise über die Veränderungen von Arbeitsbereichen.

3. *Aspekte:* Der internen Kommunikation wird vielfach ein Wandel attestiert, mit dem sie sich vom zuerst redaktionellen Instrument (Mitarbeiterzeitschrift, schwarzes Brett etc.) seit etwa der 1980er-Jahre zum Führungsinstrument wandelt. Das Management der Unternehmenskultur als Einflussnahme auf Werte und Normen mithilfe von Leitbildprozessen und internen Markenkampagnen steht hierfür wie auch die Konturierung von Change Communications. Diese Beispiele kennzeichnen interne Kommunikation als interdisziplinäre Managementaufgabe, die auf sogenannte weiche Faktoren Einfluss nimmt und die Bedeutung der multilateralen Kommunikation – also Gruppenphänomene – für den unternehmerischen Erfolg betont.

4. *Instrumente:* Mitarbeitermedien wie Zeitschriften und Intranet oder die persönliche Kommunikation wie Mitarbeiterveranstaltungen gehören zu den operativen Instrumenten. Zu den Instrumenten von interner Kommunikation als Führungsfunktion gehört etwa die Vorbereitung kaskadischer Information (Top-Down-Kommunikationsfluss) mittels Workshops und Trainings für Führungskräfte, um Kommunikationsinhalte und -dramaturgien zu erarbeiten, die sie in ihre Hierarchien geben, um informative,

edukative und/oder emotionale Teilziele auf Führungskräfte- und Mitarbeiterebene zu erreichen.

5. *Abgrenzung:* Interne Kommunikation ist Teil der integrierten Kommunikation. Dabei wird die Bedeutung der internen Kommunikation für die externe Kommunikation häufig betont, indem Mitarbeiter als Markenbotschafter verstanden werden. Da Mitarbeitermotivation und Identifikation nicht nur von Kommunikationsinhalten und –dramaturgien abhängen, sondern zentral von erlebtem Führungskräfte- und Organisationsverhalten, gilt interne Kommunikation als Teil der Führung.

Issue Monitoring

Regelmäßige Beobachtung, Analyse und Bewertung gesellschaftlicher Meinungsbildungsprozesse zu für ein Unternehmen strategisch relevanten, sozialen und ökologischen Themenstellungen. Ziel ist, die Risiken, die durch eine Veränderung der Umfeldbedingungen entstehen und die zu Konflikten führen können, in einem möglichst frühzeitigen Stadium zu erkennen und Abwehrstrategien zu entwickeln. Gleichzeitig werden auch Ansatzpunkte sichtbar, wie das Unternehmen aktiv die gesellschaftliche Meinungsbildung in der Öffentlichkeit für sich nutzen kann (Public Relations).

Issues Management

1. *Begriff:* Issues Management bezeichnet das Risiken- und Chancen-Management von Organisationen. Ein Issue (englisch für *Thema, Aspekt, Angelegenheit*) bezeichnet eine Entwicklung inner- oder außerhalb der Organisation, die dazu geeignet ist, erfolgskritischen Einfluss auf die Handlungsfähigkeit einer Organisation zu nehmen.

2. *Ziel:* Das Ziel des Issues Managements ist, in der medialen Öffentlichkeit oder bei bestimmten Dialoggruppen aufkommende, organisationsrelevante Themen frühzeitig zu erkennen und entsprechend zu reagieren. Issues müssen nicht unbedingt negativ sein oder sich krisenhaft entwickeln, auch wenn das Issues Management in Literatur und Praxis im Zuge der Krisenkommunikation häufig als „Krisenradar" interpretiert wird.

3. *Aspekte:* Im Kontext von Public Relations (PR), Unternehmenskommunikation oder Reputationsmanagement bezieht sich das Issues Management auf den Stakeholder-Ansatz, sodass die Identifikation und Antizipation von Stakeholder-Ansprüchen der Zweck ist. Dabei ist das Issues Management als durchgängiger Prozess zu verstehen: von der Identifikation der Issues bis zur Konzeption und Umsetzung antizipierender Maßnahmen für ihre Bewältigung.

4. *Instrumente:* Im Rahmen von Issues Management wird zentral das Scanning und Monitoring von Issues unterschieden: Scanning meint die noch unspezifizierte Umfeldbeobachtung auf Chancen- und Risikopotenziale. Die so gesammelten Informationen werden gefiltert und verdichtet. Was als relevant für die Organisation qualifiziert ist, wird kontinuierlich und gezielt beobachtet, was dann als Monitoring bezeichnet wird.

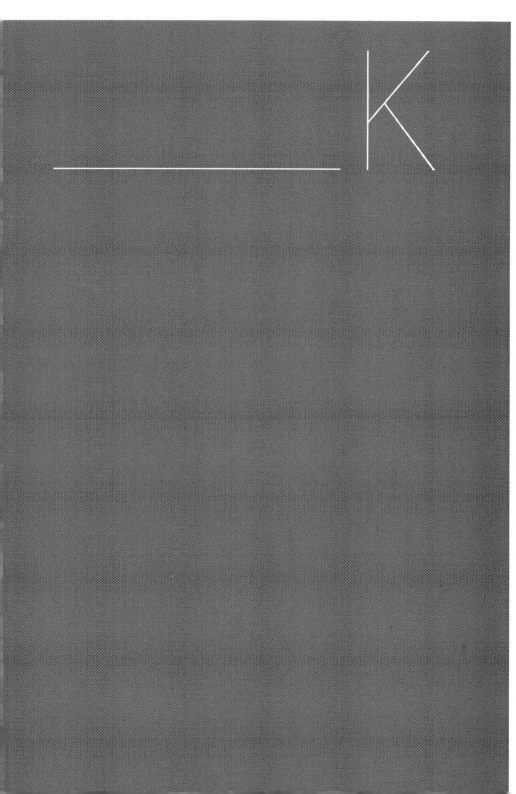

Kaizen

1. *Charakterisierung:* Verfahren aus der japanischen Fertigungstechnik; bedeutet konsequentes Innovationsmanagement oder einfach Verbesserung. Kaizen stellt einen permanenten Verbesserungsprozess dar. Kaizen bedeutet nicht nur Produktverbesserung, sondern Verbesserung aller betrieblichen Prozesse (Entwicklung, Produktion, Vertrieb, Distribution etc.).

Die Zielsetzungen sind:

(1) Qualität von Anfang an;

(2) Standardisierung der Arbeitsvorgänge nach den Überlegungen der beteiligten Mitarbeiter durch Identifikation mit der Aufgabe und korrektes Befolgen der selbst gesetzten Standards;

(3) bewusste und eigenverantwortliche Vermeidung von Ressourcenverschwendung (Zeit, Material);

(4) eigenständiges Erkennen und Beseitigen von Schwachstellen.

2. *Voraussetzungen:* Kaizen setzt einen kooperativen Führungsstil voraus. Funktionsübergreifende, interdisziplinäre Zusammenarbeit in Gruppen ist ein Grundsatz der Arbeitsorganisation. Konsens statt Einzelentscheidung durch Vorgesetzte, gemeinsame klare Zielformulierungen und intensive Informationsvermittlung von oben nach unten sowie umgekehrt sind weitere wichtige Aspekte des Konzeptes.

3. Die *Idealvorstellung* ist der qualifizierte, aktive, eigenverantwortliche und kreative Mitarbeiter, der für seinen Einsatz eine differenzierte und individuelle Anerkennung und finanzielle Entlohnung erhält.

Kernkompetenz

Komplexes und dynamisches Interaktionsmuster (Kombinationen) aus Fähigkeiten, Routinen und materiellen Aktiva. Da die materiellen Aktiva im Allgemeinen imitierbar sind, sind besonders die immateriellen, schwer imitierbaren Routinen und Fähigkeiten von Bedeutung. Fähigkeiten stellen personenabhängige, immaterielle Ressourcen dar, d.h. sie sind der

Sammelbegriff für die personengebundene Wissensbasis. Routinen stellen personenunabhängige immaterielle Ressourcen dar.

Know-how

Spezialwissen aus betrieblichen oder technischen Erfahrungen, z.B. Produktionserfahrungen, besondere Absatzerfahrungen und ähnliches. Das Know-how kann im Wege der Erfahrenshingabe vertraglich *(Know-how-Vertrag)* einem anderen Betrieb, ähnlich wie bei der Lizenz, zur Verfügung gestellt werden.

Kontrolle

I. *Charakterisierung*

1. *Begriff:* Durchführung eines Vergleichs zwischen geplanten und realisierten Größen sowie Analyse der Abweichungsursachen; nicht eingeschlossen ist die Beseitigung der festgestellten Mängel. Kontrolle ist eine Form der Überwachung, durchgeführt von direkt oder indirekt in den Realisationsprozess einbezogenen Personen oder Organisationseinheiten.

Abgrenzung:

a) Zum *Controlling:* Controlling (Planung, Steuerung und Kontrolle) umfasst u.a. auch die Mängelbeseitigung.

b) Zur *internen Revision:* Vor allem dadurch, dass Kontrolle ein ständiger Vorgang ist, der laufende Prozesse möglichst lückenlos überwacht und meist von (vorgesetzten) Mitarbeitern der gleichen Organisationseinheit durchgeführt wird.

c) Zur *Prüfung:* Der Überwachungsträger ist in den kontrollierten Prozess einbezogen (Prozessabhängigkeit).

2. *Entscheidungsprozess-Phase:*

a) *Im engeren Sinne:* Letzte Phase des Entscheidungsprozesses, d.h. der Prozess der Sicherstellung, dass die Durchführung mit dem Geplanten übereinstimmt.

b) *Im weiteren Sinne:* Alle Phasen des Entscheidungsprozesses, d.h. ein überlagernder Prozess der Willensbildung und -durchsetzung.

3. *Grundsätzliche Zwecke:*

(1) Kontrollinformationen können Daten für nachfolgende Planungen liefern (sachlogische Dimension);

(2) Kontrollinformationen können für die Mitarbeiterbeurteilung herangezogen werden (motivationale Dimension). Aus den teilweise verschiedenen und konfliktären Kontrollanforderungen dieser Dimensionen ergeben sich die besonderen Gestaltungsprobleme der Kontrolle.

4. Kontrolle ist häufig in ein ausdifferenziertes *Planungs- und Kontrollsystem* eingebunden. Auf diese Weise wird versucht, die Kontrolle so vollständig wie möglich durchzuführen und frühzeitig in die laufenden Prozesse einzugreifen.

II. *Arten*

1. *Plan-Kontrolle:* Dient der Willenssicherung. Eine Kritik am Plan ist unzulässig und würde zu einer Schwächung der Plan-Unterstützung durch die Beteiligten führen.

2. *Prämissen-Kontrolle:* Überwachung und gegebenenfalls Revision der Planannahmen. Daraus entsteht das Dilemma der Kontrolle, dass man einerseits zum Zweck der Durchsetzung am Plan festhalten und andererseits eine Planveränderung aufgrund von Lernprozessen möglich sein muss.

3. *Strategische Kontrolle:* Überwachung der Realisierung von strategischen Programmen; stellt aufgrund der nur teilweise möglichen Quantifizierung von strategischen Plänen die Unternehmensführung vor besondere Probleme.

4. *Operative Kontrolle:* Überwachung der operativen Programme und der entsprechenden Bereiche.

5. *Indirekte Kontrolle* der strategischen Pläne und Prämissen erfolgt im Rahmen der aus den Strategien abgeleiteten operativen Pläne und Prämissen. So können die im Rahmen des üblichen operativen Kontrollprozesses

gewonnenen Informationen gleichzeitig für eine Überprüfung der Strategien und ihrer Planannahmen herangezogen werden.

Beispiel: Bei der Durchsprache von Preis- oder Mengenabweichungen im Rahmen einer flexiblen Plankostenrechnung ergeben sich Hinweise, dass die Ursachen nicht bei dem Kostenstellenleiter, sondern in den unzutreffenden Planerwartungen des strategischen Programms liegen. Es können sich Konsequenzen für die weitere Aufrechterhaltung der strategischen Planannahmen ergeben.

6. *Direkte Kontrolle* bezieht sich dagegen explizit auf die Überwachung strategischer oder operativer Planaussagen. Dort gibt es eine autonome Kontrolle, die (laufend) kalendergesteuert oder (ad hoc) ereignisgesteuert ist.

7. *Verfahrens-Kontrolle* überprüft, ob nach den vorgeschriebenen Richtlinien gehandelt worden ist.

8. *Ergebnis-Kontrolle* bezeichnet dagegen den Vergleich der Plandaten mit den realisierten Daten.

9. *Ex-Ante-Kontrolle:* Versucht wird, Soll-Wird-Abweichungen zu antizipieren.

10. *Ex-Post-Kontrolle:* Abgestellt wird auf Soll-Ist-Abweichungen.

III. *Einsatzgebiete*

1. *Buchhaltung:*

a) *Zweck:* Sicherung der Ordnungsmäßigkeit des Rechnungswesens, Schutz vor Vermögensverlusten durch unbefugte Zugriffe (z.B. in Kassen-, Wertpapier- oder Materialbestände), Falschbuchungen, Missbrauch und Fälschung von Belegen. Die Summe aller organisatorischen Kontrollmaßnahmen wird als internes Kontrollsystem (IKS) bezeichnet.

b) Schutz gegen *formelle Buchhaltungsfehler* durch Prüfung der Richtigkeit und Vollständigkeit der Buchungen (Kontierungsfehler, Doppelbuchungen, fehlende Buchungen), der Rechenoperationen (Additionen, Salden) und der Datentransportvorgänge (Übertragungsfehler,

Konten-, Spalten- und Zahlenverwechslungen) durch Kontenkontrolle und Systemprüfungen; manuelle oder maschinelle Testläufe (z.B. bei EDV-Programmen u.Ä.), soweit nicht maschinelle oder sonstige zwangsläufige Kontrolle das Auftreten von Fehlern bereits verhindern.

c) Kontrolle der *materiellen Übereinstimmung* buchmäßig ausgewiesener Bestände mit den tatsächlich vorhandenen erfordert die Durchführung von Inventuren (z.B. Kassenprüfung, Kassensturz).

2. *Strategisches Management:* strategische Kontrolle.

Kreativitätstechniken

1. *Charakterisierung:* Suchregeln oder Heuristiken, die individuelle Gedankengänge oder gruppenorientierte Suchprozesse stimulieren. Eine Anwendung bietet sich vor allem bei Problemstellungen an, die kreative Lösungen erfordern (z.B. bei der Suche nach Innovationen). Durch den Einsatz von Kreativitätstechniken wird die Menge (sowohl in Tiefe als auch Breite) an Ideen, und damit die Wahrscheinlichkeit eine Lösung bei innovativen Problemstellungen zu finden, erhöht. Die qualitativ richtige Lösung zu finden ist jedoch nicht garantiert.

2. *Kategorien:*

(1) *Systematisch-analytische Kreativitätstechniken:* u.a. morphologischer Kasten, sequenzielle Morphologie, modifizierte Morphologie (attribute listing), progressive Abstraktion, morphologische Matrix (Cross-Impact-Analyse), TILMAG etc.;

(2) *kreativ-intuitive Kreativitätstechniken (Kreativitätstechniken im engeren Sinne):* u.a. Brainstorming-Methoden (klassisches Brainstorming, Schwachstellen-Brainstorming), Brainwriting-Methoden (Methode 635, Kartenumlauftechnik, Galerie-Methode, Delphi-Technik, Ideen-Notizbuch-Austausch) und Methoden der intuitiven Konfrontation (Reizwortanalyse, Exkursionssynektik, Synektik, visuelle Konfrontation in der Gruppe, semantische Intuition, Bildmappen-Brainwriting).

3. *Aspekte/Probleme:*

a) *Ansatzpunkte,* um kreatives Verhalten bei Personen und Gruppen zu stimulieren: Je nach kreativitätstheoretischem Ansatz wird die Problemvorgabe (die kreative Prozesse beim Individuum oder der Gruppe herausfordern soll), die kreative Persönlichkeit, der kreative Prozess, das kreative Produkt und die kreative Umwelt favorisiert.

b) *Beschreibung des kreativen Prozesses als solchem:* Der prozessorientierten Perspektive zufolge liegt das entscheidende Kriterium im psychologischen Bezugsrahmen des Denkens, innerhalb dessen der individuelle Schöpfungsprozess möglichst effektiv verläuft, d.h. die kreative Problemlösung bzw. das kreative Produkt wird nicht als plötzlich auftretendes Ereignis betrachtet, sondern als ein Vorgang, der längere Zeit dauert. Es sind Merkmale zu finden, die allen kreativen Prozessen gemeinsam sind.

c) *Übersetzung* bzw. Übertragung des kreativen Prozesses bzw. der notwendigen Heuristiken in eine entsprechende Kreativitätstechnik, um kreatives Verhalten von Personen oder Gruppen zu forcieren, z.B. mittels der Synektik-Methode.

d) *Beschreibung des situativen Kontextes,* um Kreativitätsblockaden bei Individuen (Auffassungssperren, emotionale Sperren, intellektuelle Sperren, Ausdruckssperren, Fantasiesperren und kulturelle Sperren), Gruppen (Konformitätsdruck, Autoritätsfurcht, interpersonale Konflikte), Organisationsabläufen und -strukturen etc. (z.B. auch durch restriktive Personalpolitik oder hierarchische Organisationsstruktur) zu eruieren, um diese einzuschränken oder zu vermeiden und um den Kreativitätsprozess, sowie den effektiven Einsatz von Kreativitätstechniken nicht zu gefährden.

4. *Anwendung:*

a) Als konkrete Methoden zur *Förderung der Kreativität:* Bei unstrukturierten/-komplexen bzw. innovativen Problemen werden Kreativitätstechniken eingesetzt, um durch sie Personen und/oder Gruppen zu stimulieren, d.h. den Ideenfindungsprozess bei diesen zu forcieren und eine höhere Anzahl von kreativen Ideen zu erzielen, z.b. bei der Suche nach neuen Produktideen.

b) Als konkrete Methoden zur *Erzielung qualitativer Prognosen,* z.b. bei der Voraussage des technischen Fortschritts: Einen Bezugsrahmen hierzu kann eine wissenschaftliche Theorie liefern, deren Funktion darin besteht, die Vorgänge eines bestimmten Objektbereichs (hier technische Entwicklung bzw. technischer Fortschritt) zu erklären und vorauszusagen; die Strukturierung der technologischen Voraussage kann durch bedarfs- und potenzialorientierte Voraussage erfolgen.

Krisenkommunikation

1. *Begriff:* Krisenkommunikation ist der Teil des Krisenmanagements, der der Einflussnahme auf weiche Faktoren dient um Unternehmenskrisen zu verhindern oder zu bewältigen.

2. *Ziel:* Wenn Reputation das Oberziel von Unternehmenskommunikation ist, besteht das Ziel von Krisenpräventionskommunikation darin, Reputationsschäden durch Vermeidung künftiger Krisen möglichst zu verhindern. Bei bereits eingetretenen Krisen hilft Krisenkommunikation dabei, das Ausmaß der Reputationsschäden einzugrenzen.

3. *Abgrenzung und Instrumente:* Krisenpräventionskommunikation ist eine anlassbezogene Anwendung des Stakeholder-Ansatzes. Mithilfe des Issues Managements wird das Organisationshandeln im Hinblick auf mögliche Stakeholder-Ansprüche überprüft und angepasst. Die Krisenprävention beinhaltet normativ anzupassende Verhaltensweisen grundlegend durch Kulturmanagement zu verstetigen und mithilfe der Corporate Governance durchzusetzen. Zur Krisenprävention gehört auch, die Erstellung von Krisenszenarien und -plänen zu unterstützen sowie Krisenreaktionsstrukturen in Organisationen mit Blick auf die Kommunikationsbedürfnisse der Dialoggruppen einzurichten. Im Falle bereits eingetretener Krisen gehören die Führungskräfte- und Mitabeiterinformation zu den Instrumenten wie auch die Presse- und Medienarbeit. Weiter zählt die

Vorbereitung des Managements auf Krisensituationen mittels Kommunikationstrainings dazu.

4. *Aspekte:* Krisen sind aus Organisationssicht dazu geeignet, den Fortbestand einer Organisation zu gefährden, sodass Krisenkommunikation zu den strategischen Kommunikationsaufgaben gehört. Krisen sind durch ihr oft überraschendes Element und als eine Phase hoher Dynamik gepaart mit hohem Zeitdruck sowie erhöhter Aufmerksamkeit Dritter in Kombination mit Informationsknappheit sowie erhöhter Emotionalität durch zum Teil persönliche Betroffenheit gekennzeichnet. Darum sind Krisen in besonderer Weise geeignet, die Reputation einer Organisation und/oder ihres Managements zu beschädigen. Krisenkommunikation ist daher eine anlassbezogene Form des Reputationsmanagements.

Krisenmanagement

Der Begriff Krisenmanagement entstand im *politischen Bereich,* wobei dessen erstmalige Verwendung dort umstritten ist, mehrheitlich aber Kennedy im Zusammenhang mit der Kuba-Krise 1962 zugeschrieben wird.

In der *Betriebswirtschaftslehre* findet der Begriff Krisenmanagement erst seit den 1970er-Jahren Verwendung, wenn auch anfangs mit sehr unterschiedlichem Bedeutungsinhalt. Durchgesetzt hat sich eine Begriffsbestimmung etwa folgenden Inhalts: Krisenmanagement ist eine besondere Form der Führung von höchster Priorität, deren Aufgabe es in einem weiteren Sinne ist, alle jene Prozesse in der Unternehmung zu vermeiden (Krisenvermeidung) oder zu bewältigen (Krisenbewältigung), die ansonsten in der Lage wären, den Fortbestand der Unternehmung substanziell zu gefährden oder sogar unmöglich zu machen. Krisenmanagement im engeren Sinne beschränkt sich auf die Bewältigung von Unternehmungskrisen.

Nicht zuletzt angesichts einer, unter dem Eindruck der aktuellen Krisenerscheinungen zu erwartenden, wieder stark steigenden Anzahl von Insolvenzen wird die Bedeutung des Krisenmanagements offensichtlich. Zugleich stellt die zunehmende Internationalisierung der Unternehmungstätigkeit das Krisenmanagement vor neue Herausforderungen.

Krisenmanagement kann anhand der Betrachtungsebenen Prozess, Institution und System näher gekennzeichnet werden.

Lean Management

1. *Charakterisierung:* Managementansatz, nach dem besonders durch die Grundprinzipien Dezentralisierung und Simultanisierung (verbunden mit kooperativen Verhaltensweisen) die Ziele Kundenorientierung und Kostensenkung für die gesamte Unternehmensführung realisiert werden (sollen). Die genannten Grundprinzipien beziehen sich dabei sowohl auf unternehmensinterne als auch auf unternehmensübergreifende Strukturen.

2. *Grundprinzipien:*

a) *Dezentralisierung:*

(1) Die unternehmensinterne Dezentralisierung von Aufgaben, Kompetenzen und Verantwortungsbereichen erfolgt vor allem bei den primären Leistungsbereichen der Wertschöpfungskette. Im Mittelpunkt stehen teamorientierte Arbeitsorganisation mit intensiven Kommunikationsbeziehungen zwischen breit qualifizierten Mitarbeitern sowie mit weit reichender Dezentralisation vor allem von Aufgaben der Qualitätssicherung und der Instandhaltung.

(2) Die unternehmensübergreifende Dezentralisierung bedeutet eine Verringerung der Leistungstiefe durch Zusammenarbeit mit Partnern vor- und nachgelagerter Wertschöpfungsketten. Wesentliche Bedeutung hierbei erlangen strategische Allianzen mit Zulieferern, Händlern, Spediteuren und Recyclern.

b) *Simultanisierung:*

(1) Die unternehmensinterne Simultanisierung von Prozessen äußert sich vor allem in der Aufgabe der tayloristischen Funktionsspezialisierung einzelner Leistungsbereiche. Konsequent umgesetzt wird dies z.B. im Rahmen des simultaneous engineering durch Integration und Parallelisierung von Produkt-, Prozess- und Potenzialplanung sowie -entwicklung.

(2) Unternehmensübergreifende Simultanisierung von Prozessen erfolgt vor allem durch informatorische Vernetzung mit Händlern, Spediteuren

und Zulieferern. Herausragende Bedeutung hat dabei die Verfolgung von Pull-Prinzipien, vor allem durch die Anwendung von Just-in-Time-Anlieferung.

Lebenszyklus

1. *Begriff:* Konzept, das von der Annahme ausgeht, dass die zeitliche Entwicklung eines Objektindikators (z.B. Absatz eines Produktes) in charakteristische Phasen unterteilt werden kann und einem glockenförmigen Verlauf folgt, d.h. es wird von einer begrenzten Existenz des Objekts ausgegangen.

2. *Produkt-Lebenszyklus:* Es wird davon ausgegangen, dass die Nachfrage nach einem Produkt unterschiedliche Phasen durchläuft, von seiner Entstehung und Einführung des Produktes am Markt bis hin zu dem Zeitpunkt, an dem es vom Markt verschwindet. Der Verlauf entsteht durch eine Vielzahl von Einzeleffekten, wie beispielweise die Anzahl der Adoptoren, der Kaufmenge pro Kauf, der Wiederkaufrate, der Kauffrequenz, dem Preisniveau oder dem Konkurrenzverhalten.

Lebenszyklus

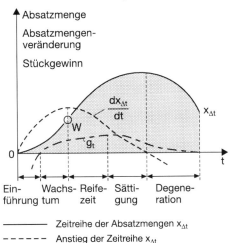

3. Teilphasen:

a) *Einführung:* startet mit der Markteinführung und endet, wenn der Stückgewinn des Produkts positiv wird;

b) *Wachstum:* bis zum Wendepunkt der Absatzmengenkurve, d.h., Absatzmengen steigen nicht mehr progressiv an;

c) *Reifezeit:* bis zum zeitlichen Maximum des Stückgewinns.

d) *Sättigung:* gekennzeichnet durch sinkende Stückgewinne, durch in der Regel sinkende Preise und steigende Werbekosten, Ende mit dem absoluten Umsatzmaximum;

e) *Degeneration:* erzielbare Absatzmenge nimmt zunehmend ab.

4. *Kritik:* Die Phasenabgrenzung ist nur aus der Rückschau und bei erfolgreich am Markt eingeführten Produkten möglich. Das Modell suggeriert einen naturgegebenen Ablauf, es lässt dynamische Entwicklungen (z.B. technischer Fortschritt, Modeströmungen, Anspruchswandel) und Handlungen, die der Reife-, Sättigungs- und Degenerationsphase entgegenwirken, außer Acht. Es handelt sich bei der Glockenkurve um eine idealtypische Darstellung, die in der Praxis häufig abweicht.

5. *Bedeutung:* Innerhalb des strategischen Managements soll der Lebenszyklus als Analyseinstrument Anwendung finden. Auf ihm aufbauend soll u.a. die Bestimmung des Altersprofils des Produktionsprogramms möglich sein. Die Bedeutung ist aber relativ gering, da nur wenige Objektentwicklungen dem idealisierten Verlauf des Lebenszyklus folgen und es äußerst schwierig ist, die Position des Objekts im Lebenszyklus zu bestimmen.

Make or Buy

Eigenproduktion oder Fremdbezug; Entscheidungsproblem im Hinblick auf das Ausmaß der vertikalen Integration einer Unternehmung. Für jede Aktivität im Rahmen der betrieblichen Wertschöpfungskette stellt sich die Frage, ob diese besser vom Unternehmen selbst erbracht und koordiniert werden sollte oder ob diese Aktivität nicht kostengünstiger als Marktleistung von anderen Unternehmen hinzugekauft werden sollte. Bei der

Kalkulation der Kosten sind nicht nur die aktivitätsbezogenen variablen und fixen Kosten (gegebenenfalls auch Opportunitätskosten) zu berücksichtigen, sondern auch die anfallenden Transaktionskosten, die bei der Koordination der Aktivität innerhalb des Unternehmen bzw. bei Bezug über den Markt anfallen.

Management

I. Management als Institution

Management umfasst alle diejenigen, die in der Unternehmung leitende Aufgaben erfüllen. Das Management in diesem weiten Sinn vertritt die Interessen des Unternehmers als Arbeitgeber gegenüber der Arbeitnehmerschaft. Bis auf wenige Ausnahmen sind die Angehörigen des Managements deshalb nicht Mitglied der Gewerkschaften. Sie haben eigene Berufsorganisationen, die aber in der Regel nicht als Partei auf dem Arbeitsmarkt auftreten, sondern sich der sonstigen beruflichen Förderung ihrer Mitglieder annehmen. Bei den sehr unterschiedlichen wirtschaftlichen und gesellschaftlichen Verhältnissen seiner Mitglieder bildet das Management keine einheitliche Berufsgruppe.

Als *Manager* werden im Allgemeinen nur die obersten und oberen Führungskräfte der Unternehmen bezeichnet. An sich gehören hierzu nur angestellte Geschäftsführer von Unternehmen, nicht dagegen selbstständige Unternehmer. Heute fühlen sich auch selbstständige Unternehmer als Manager und sind Mitglieder der Managerorganisationen.

II. Management als Funktion

Tätigkeiten, die von Führungskräften in allen Bereichen der Unternehmung (Personalwirtschaft, Beschaffung, Absatz, Verwaltung, Finanzierung etc.) in Erfüllung ihrer Führungsaufgabe (Führung) zu erbringen sind. Häufig wird hier zwischen Plan, Realisierung und Kontrolle differenziert.

a) Zur Planung zählen die Problem- und Aufgabendefinition, die Zielsetzung, die Alternativenplanung und die Entscheidung.

b) Die Realisierung umfasst die Organisation, die Information, Kommunikation, Motivation der Mitarbeiter und deren Koordination.

c) Die Kontrolle besteht aus Rückmeldung, Soll-/Istvergleich für die weitere Planung und Steuerung. In der Fachliteratur finden sich vielfältige ähnlich strukturierte Phasenabfolgen.

III. *Managementmethoden (Managementtechniken)*

Von Wissenschaftlern und Institutionen, die sich mit der Ausbildung von Führungskräften befassen (Personalentwicklung), wurde eine Reihe von Methoden geschaffen. Einen großen Bekanntheitsgrad erreichten die *„Management by ..."-Konzeptionen,* die größtenteils in den USA entwickelt worden sind. Sie sind meistens durch Zielvorgaben für alle Stellen im Unternehmen, mehr oder weniger kooperativen Führungsstil und Delegation von Verantwortung gekennzeichnet. Alle „Management by ..."-Konzeptionen umfassen den Komplex strategisches Management.

Management Buyout (MBO)

Übernahme eines Unternehmens durch das in dem erworbenen Unternehmen tätige Management. Dies kann als Übernahme eines gesamten Unternehmens oder eines Unternehmensteils, der dann ausgegliedert wird, erfolgen. In der Regel erfolgt der Management Buyout mithilfe von Private-Equity-Investoren. Vor allem anzutreffen im Rahmen von Unternehmensumstrukturierungen oder zur Lösung einer Nachfolgesituation.

Managementberatung

Professionelle beratende Tätigkeit, ausgeübt von einer institutionell unabhängigen und fachlich durch entsprechende Ausbildung und praktische Erfahrung qualifizierten Personengruppe.

1. *Ziel:* Beitrag zur Lösung von Managementproblemen in Unternehmungen.

2. *Aufgaben:*

(1) Ist-Aufnahme der bestehenden Verhältnisse,

(2) Problemidentifikation und Soll-Formulierung,

(3) Ausarbeitung und Empfehlung von Vorschlägen zur Problemlösung,

(4) Unterstützung zur Durchführung der entsprechenden Maßnahmen und

(5) Kontrolle der Funktionsfähigkeit dieser Maßnahmen durch Soll-Ist-Vergleiche.

3. *Hauptarbeitsgebiete:* Produkt-Management, Marketingmanagement, Management der Verkaufsorganisation, Management der Bereiche Finanzen und Rechnungswesen, Personal-Management, Management des technologischen Bereichs (einschließlich EDV), Programme für Aus- und Weiterbildung der Mitarbeiter und Management der systeminternen Forschung und Entwicklung (F&E).

Managementstil

Beim internationalen Vergleich von Managementstilen stehen die Fragen im Mittelpunkt, die sich für die Führung grenzüberschreitend tätiger Unternehmungen (internationales Management) durch die verschiedenen Kulturen ergeben, mit denen die Unternehmung konfrontiert ist. Die Transferierbarkeit von Managementstilen, Management-Know-how und Führungstechniken in andere Kulturbereiche ist eine der wesentlichen Fragestellungen.

Die bisherigen Forschungsergebnisse sind uneinheitlich und ungesichert: Während die universalistische Position von einer weit gehenden Übertragbarkeit mit dem Argument ausgeht, es gäbe Managementaufgaben und -prinzipien sowie entsprechende Methoden, die unabhängig von der jeweiligen Kultur Gültigkeit aufweisen, betonen die Vertreter der kulturdifferenzierenden Position die Kulturgebundenheit von Managementtheorien und -instrumenten und damit auch der Managementstile. Je stärker eine Untersuchung von harten Faktoren, wie z.B. Techniken der Planung, abrückt und sich auf sozio-kulturelle Faktoren einlässt, wie z.B. Machtstrukturen und -ausübung, Arbeitsmotivation,

Personalbeurteilung/-förderung oder Führungsverhalten, desto stärker tritt die Kulturgebundenheit von Verhaltensweisen in Erscheinung.

Markteintrittsstrategien

1. *Begriff:* Strategien zur Verwirklichung von neuen Geschäften für das Unternehmen, d.h. zur Überwindung von Markteintrittsschranken.

2. *Einzelstrategien:*

a) *Interne Entwicklung:* Eintritt auf der Basis eigener Ressourcen und Fähigkeiten.

b) *Akquisition:* Kauf eines im neuen Geschäft tätigen Unternehmens.

c) *Lizenznahme:* Erwerb des Rechts auf Nutzung von Name, Produkt oder Dienstleistung des Lizenzgebers in einem exakt abgegrenzten Markt.

d) *Interne Ventures:* Für den Eintritt ins neue Geschäft wird innerhalb des Unternehmens eine eigene organisatorische Einheit gebildet.

e) *Joint Ventures:* Verbund zweier Unternehmen (auch durch Gründung eines dritten Unternehmens).

f) *Venture-Capital-Beteiligungen:* Erwerb von Minderheitskapitalanteilen an Start-up-Unternehmen, die in zukunftsträchtigen Märkten tätig sind.

g) *Akquisitionen zur Fortentwicklung interner Fähigkeiten:* Erwerb eines Unternehmens, um Mitarbeiter zu erhalten, die bereits mit dem neuen Geschäft vertraut sind.

Mergers & Acquisitions

Die Bezeichnung Mergers and Acquisitions (M&A), deutsch Fusion von Unternehmen und Erwerb von Unternehmen bzw. Unternehmensanteilen, steht für alle Vorgänge im Zusammenhang mit der Übertragung und Belastung von Eigentumsrechten an Unternehmen einschließlich der Konzernbildung, der Umstrukturierung von Konzernen, der Verschmelzung und Umwandlung im Rechtssinne, dem Squeeze Out, der Finanzierung des

Unternehmenserwerbs, der Gründung von Gemeinschaftsunternehmen sowie der Übernahme von Unternehmen.

Misfit-Analyse

Instrument vor allem des strategischen Management mit dem Ziel, Denkanstöße zu geben.

Analyseverfahren: Ausgangspunkt bildet die zentrale Hypothese, dass eine Organisation erfolgreich ist, wenn Umfeld, Strategie, interne Kultur sowie Führungs- und logistische Fähigkeiten übereinstimmen (Führungsmodelle). Ändert sich etwas im Ausmaß der Umfeldturbulenz, so müssen Misfits (Unstimmigkeiten) im strategischen Verhalten neu zur Übereinstimmung gebracht werden, d.h., die Interaktion von Organisation und Umfeld muss neu ausgestaltet werden. Dies wird begleitet von einer Veränderung der internen Konfiguration wie der Unternehmenskultur und den Fähigkeiten. Problem- und Eigenkomplexität müssen aufeinander abgestimmt werden.

Beurteilung: Misfit-Analyse ist ein relativ grobes, wenig operationalisierbares Instrument.

Muddling-through-Strategie

Entscheidungstheorie, die von nur wenigen Annahmen ausgeht. Es werden nicht alle möglichen Strategiealternativen gesucht und bewertet, sondern es wird nur eine relativ kleine Zahl von Alternativen betrachtet. Auch die daraus abgeleiteten Konsequenzen werden beschränkt. Es wird also lediglich eine schrittweise Näherungslösung angestrebt.

Multifaktor-Matrix

1. *Begriff:* Darstellung der Geschäfte eines Unternehmens (im Sinn der Vorgehensweise einer Portfolio-Analyse) nach den beiden Dimensionen „Marktattraktivität" (Deckungsbeitragssumme aller Wettbewerber) und „relative Wettbewerbsstärke" (anteiliger Deckungsbeitrag des Unternehmens in Prozent), zu mehreren Zeitpunkten (z.B. für 1987, 1997 und 2000) bewertet und positioniert. Verbindet man diese Positionierungen

pro Geschäft zu einer Zeitreihe untereinander, so ergibt sich eine grafische Darstellung des „Kurses" des eigenen Geschäfts im Wettbewerb.

2. *Vorgehensweise:*

a) Zuerst wird der *Handlungsspielraum für mögliche Innovationen in den Strategien analysiert.* Dazu wird das Geschäftssystem bzw. die unternehmensinterne Wertschöpfungskette (Wettbewerbsstrategie) rekonstruiert; dies ist die Abfolge der Schritte, mit denen ein Unternehmen in einem gegebenen Geschäft seine Güter und Dienstleistungen produziert und an den Kunden bringt. Jede dieser Wertschöpfungsstufen wird daraufhin untersucht, auf welche Art und Weise im Verhältnis zu den Wettbewerbern die Funktion der Stufe erfüllt wird, ob neue Wege gegangen werden können und wenn ja, wie sich diese Innovationen auf die Wettbewerbsposition und das übrige Geschäftssystem auswirken.

b) Aus dieser Analyse werden dann die sogenannten *Haupterfolgsfaktoren* ermittelt, die Faktoren, die dem Unternehmen die größten Differenzierungsmöglichkeiten gegenüber Wettbewerbern gewähren. Um derartige Differenzierungsmöglichkeiten innerhalb der Haupterfolgsfaktoren zu generieren, werden die sogenannten *strategischen Freiheitsgrade* ermittelt, die beim Einsatz des jeweiligen Faktors die größten Wettbewerbschancen versprechen.

c) Aus den zur Verfügung stehenden Möglichkeiten wird dann als Strategie die *Kombination ausgewählt,* die den größtmöglichen Kundennutzen zu niedrigsten Kosten verspricht. Die Menge der derart ermittelten Geschäftsfeldstrategien wird schließlich zur Grundlage der Multifaktor-Matrix gemacht, um so die Investitionsprioritäten festlegen und Finanzierungsbeschränkungen erkennen zu können.

Multiprojektmanagement

1. *Begriff:* Gegenstand des Multiprojektmanagements sind Auswahl, Planung, Steuerung und Überwachung der gesamten Projektlandschaft eines Unternehmens oder einer Einheit.

2. *Ziele:* Das Multiprojektmanagement zielt – mit Blick auf die Erreichung der Unternehmensziele – auf die Auswahl der effektiven Projekte und gleichzeitig auf den effizienten Einsatz der (vor allem technischen, finanziellen, personellen) Ressourcen ab. Es verfolgt damit unmittelbar (strategische) Unternehmenszielsetzungen und sichert Investitionen ab. Das Multiprojektmanagement wird häufig von einem zentralen Projektbüro verantwortet.

3. *Aufgaben:* Es werden beantragte und laufende Projekte nach einheitlichen Kriterien, vor allem hinsichtlich ihres Beitrags zu den Unternehmenszielen und ihrer Wirtschaftlichkeit, bewertet, priorisiert bzw. repriorisiert. Eine Portfolio-Analyse zeigt Abhängigkeiten und Synergien zwischen Projekten und verdeutlicht die Risikoexponierung der Landschaft. Überwachende und steuernde Maßnahmen dienen der Prüfung des Projektfortschritts, zielen auf die Lösung von Abgrenzungs- und Schnittstellenproblemen und die Nutzung von Synergien ab. Sie führen – im Bedarfsfall – zur Eskalation, zur Intervention und gegebenenfalls zum frühzeitigen Abbruch eines Projektes. Daneben sorgt das Multiprojektmanagement für die Sicherung von Erfahrungswerten (z.B. bewährte Vorgehensweisen aus Einzelprojekten) und deren Anwendung.

Zunehmend finden bei der Auswahl, Steuerung und Nachbetrachtung die Aspekte des Chancenmanagements, der gezielten Ausrichtung der Projektziele auf den Nutzen und Mehrwert für das Unternehmen, Eingang in das Multiprojektmanagement. Neben der Nutzeneinschätzung zur Auswahl der richtigen Projekte und dem Nutzeninkasso nach Abschluss der Projekte ist die Überprüfung im Projektverlauf, insbesondere zum ersten Meilenstein, erfolgskritisch.

New Venture Management

Unter New Ventures werden zum einen junge Unternehmen sowie Unternehmensgründungen und zum anderen neue und besonders risikobehaftete Geschäfte eines bestehenden Unternehmens verstanden. Daher kann sich New Venture Management auf die Führung von jungen Unternehmen beziehen, bei der unternehmerische Denkweisen und Fähigkeiten im Mittelpunkt der Betrachtung stehen. Andererseits kann auch die Stimulierung, Organisation und Steuerung unternehmerischer Aktivitäten innerhalb bestehender Organisationen zur Aufnahme neuer und besonders risikobehafteter Geschäfte Gegenstand des New Venture Managements sein. Im zweiten Fall kann zwischen externem New Venture Management (Corporate Venture Capital, Venture Nurturing, Venture Spin-offs und New Style Joint Ventures) und internem New Venture Management (Venture Teams und Product Champions) unterschieden werden.

Weiterhin können im zweiten Fall folgende Formen voneinander abgegrenzt werden:

(1) New Venture Management zur Ausrichtung der F&E-Anstrengungen (Forschung und Entwicklung) auf den Markt;

(2) New Venture Management zur Schaffung eines strukturellen Kontextes für den Aufbau neuer Geschäfte;

(3) New Venture Management zur Stimulierung von Gründungsatmosphäre und unternehmerischer Tugenden im bestehenden Unternehmen.

Während sich bei den ersten beiden Formen ein New Venture Management meist auf bestimmte Personen, Abteilungen oder Zeiträume begrenzt, versucht man bei den Konzepten der dritten Form ein unternehmerisches Verhalten auf allen Ebenen zu verwirklichen. Unternehmerisches Verhalten in bestehenden reifen Unternehmen wird damit zum generellen organisatorischen Prinzip (Intrapreneurship).

Öffentlichkeitsarbeit

1. *Begriff:* Öffentlichkeitsarbeit gilt als deutsche Übersetzung von Public Relations (PR).

2. *Ziel:* Das Ziel von Öffentlichkeitsarbeit wird zentral mit dem Aufbau von Bekanntheit als eine Basis von Vertrauen angegeben, um Reputation zu erlangen. Vertrauen und Bekanntheit gelten als erfolgskritische Größen, da sie als sogenannte weiche Faktoren die Erreichung von Erfolgszielen z.B. bei Vertragsabschlüssen beeinflussen.

3. *Aspekte:* Der Begriff Öffentlichkeitsarbeit hat sich mit der Suche nach einer deutschen Kennzeichnung für Public Relations in den 1950er- und 1960er-Jahren durchgesetzt und prägt damit die hiesige Entwicklung von PR als Managementfunktion. Der PR-Begriff changiert inhaltlich und damit das, was mit Öffentlichkeitsarbeit gemeint ist. Zum einen wird er als operatives Kommunikationsinstrument (Pressearbeit, Eventkommunikation, Sponsoring etc.) z.B. im Marketing-Mix besprochen. Zum anderen wird Öffentlichkeitsarbeit als strategische Führungsaufgabe bezeichnet, beispielsweise um Positionierungsstrategien zu entwickeln und umzusetzen. Daher bietet es sich an, Öffentlichkeitsarbeit im weiteren und engeren Sinne zu unterscheiden: Im weiteren Sinne entspricht Öffentlichkeitsarbeit der Unternehmenskommunikation. Öffentlichkeitsarbeit im engeren Sinne bezeichnet die operative Ebene, für die die Presse- und Medienarbeit als Kerndisziplinen gelten.

Wenn Öffentlichkeitsarbeit die deutsche Übersetzung von Public Relations („öffentliche Beziehungen") ist, kommt neben dem instrumentell-operativen und dem strategischen Öffentlichkeitsbegriff darüber hinaus die Beziehung als struktureller Öffentlichkeitsarbeitbegriff hinzu. Öffentliche Beziehungen entstehen aus für Organisationen handlungsrelevanten Beobachtungen von Teilöffentlichkeiten. Die Kombination der drei Öffentlichkeitsarbeitbegriffe charakterisiert PR als angewendetes Reputationsmanagement.

4. *Abgrenzung:* Zur Abgrenzung wird auf den Begriff der Unternehmenskommunikation verwiesen, der mit PR im weiteren Sinne gleichgesetzt
wird.

Operative Frühwarnung

Bezieht sich auf die Frühwarnung vor latent bereits vorhandenen Risiken im kurz- bis mittelfristigen Bereich und erfolgt zumeist mithilfe von
Frühwarnsystemen. Operative Frühwarnung grenzt sich besonders durch
den zeitlichen Bezug ihrer Identifikationskapazität, ihrer theoretischen
Grundlagen und die Art ihrer Informationsaufnahme/-verarbeitung von
einer strategischen Frühaufklärung ab. Operative Frühwarnung gilt als
wesentliche Informationsbasis operativer und/oder taktischer Planungen
(Unternehmensplanung).

Praxisnahe Formen der operativen Frühwarnung:

(1) *Kennzahlen-/hochrechnungsorientierte operative Frühwarnung:* Stets
geht es darum, positive oder negative Entwicklungen möglichst frühzeitig zu erkennen, die sich in einer Veränderung der Werte jeweiliger
Kennzahlen im Zeitablauf über oder unter bestimmte Schwellenwerte
hinaus ausdrücken.

(2) *Indikatororientierte operative Frühwarnung:* Sie ermöglichen eine sys-
tematische Suche und Beobachtung von relevanten Erscheinungen/
Entwicklungen innerhalb und außerhalb der Unternehmung mithilfe
dafür ausgewählter Frühindikatoren.

Bei fast allen Unternehmungen, die über eine operative Frühwarnung verfügen, erfolgt die Erhebung und Betreuung von Frühwarnindikatoren im
Rahmen bestehender Planungs- und Berichtssysteme. Die Verarbeitung
von Warnsignalen zu relevanten Frühwarninformationen wird in der Praxis
überwiegend sowohl zentral als auch dezentral durchgeführt. Als organisatorische Einheit für die Zentralisierung der operativen Frühwarnung wird
eindeutig der Bereich Controlling favorisiert.

PIMS

Abkürzung für *Profit Impact of Market Strategy*.

1. *Begriff:* Ein empirisches Forschungsprojekt im Bereich der strategischen Analyse und Planung (strategisches Management), das Anfang der 1960er-Jahre von F. Borch initiiert und (wissenschaftlich) von S. Schoeffler geleitet wurde. Ziel der empirischen Untersuchung war es, aus einer möglichst großen Anzahl von strategischen Geschäftsfeldern Gesetzmäßigkeiten („Laws of the Market Place") abzuleiten, die den Erfolg dieser Art Geschäfte bestimmen. Diese Gesetzmäßigkeiten sollten zu generellen und branchenunabhängigen Empfehlungen für den Entwurf von Strategien führen. Sie prägten zeitweise auch den theoretischen Bezugsrahmen einer Reihe von Ansätzen zur Portfolio-Analyse.

2. *Entwicklung:* Anfangs bezog sich das Projekt ausschließlich auf *General-Electric-Geschäfte* und war auch nur durch dieses Unternehmen nutzbar. Der Wunsch nach einer Verbreiterung der Untersuchungsbasis und nach einer Verallgemeinerung der Ergebnisse waren Gründe für die *Verselbstständigung des Projekts im Marketing Science Institut* (Harvard Business School). 1975 wurde das Projekt im unabhängigen und gemeinnützigen *Strategic Planning Institute* (Cambridge, MA) angesiedelt.

3. *Forschungsergebnisse:*

a) *Zentrales Ergebnis:* Mit ca. 40 Einflussfaktoren kann ca. 80 Prozent der Varianz der Rentabilität (ROI in Prozent vor Steuern) der Geschäftsfelder erklärt werden. Die dazugehörigen Aussagen lassen sich in viele Richtungen (z.B. nach stark und schwach wachsenden Geschäften) differenzieren.

b) *Spezielle Ergebnisse* sind drei die speziellen Geschäfte der Mitgliedsunternehmen betreffende Berichte, die Vergleiche zu anderen Geschäftsfeldern in ähnlichen Situationen anstellen: PAR-Report (Aussagen zur „normalen" Rentabilität); Strategic Analysis Report (Strategiensimulationen); Optimum Strategy Report (Ermittlung erfolgreicher Strategiekombinationen).

4. *Kritikpunkte:* Beschränktheit von Aussagen aus Querschnittsanalysen; mangelnde Vernetzung der Modellvariablen, Stichprobenbildung; induktiv geleitetes Forschungsdesign; branchenunabhängige Vergleichsbasis bei individuellen Analysen.

Pionier

1. *Begriff:* Der Pionier ist im Sinne von Schumpeters dynamischem Unternehmer jemand, der neue Kombinationen von Produktionsfaktoren einführt und am Markt durchsetzt. Ein herausragendes Merkmal von Pionieren ist Kreativität, aber auch Durchsetzungsfähigkeit und Eigeninitiative.

2. *Merkmale:* Der Pionier wird in der Wirtschaftstheorie und Innovationsforschung als wichtiger Träger des Innovationsprozesses und des Wachstumsprozesses verstanden. Er zeichnet sich durch seine Fähigkeit aus, Neues (z.B. Märkte, Produkte und Dienstleistungen, Organisationsstruktur) nicht nur zu erkennen, sondern auch erfolgreich umzusetzen. Die Umsetzung erfolgt z.B. über Produktinnovation oder Prozessinnovationen oder die Erschließung neuer Märkte.

3. *Abgrenzung:* Vom Pionier unterschieden wird der Routinier.

Pionier, Vor- und Nachteile

Pionier	Typische Vorteile	Typische Nachteile
Unternehmenspotenzial	Vorsprung auf der Kostenkurve	Kosten der Markterschließung, technologische Risiken, Imageprobleme bei „falscher Qualität"
Kundenbeziehung	Aufbau von Firmen- und Markentreue, hohe Effizienz beim Einsatz der Marketing-Instrumente	Risiko falscher Einschätzungen von Bedarf, Marktaufnahmegeschwindigkeit und Preisbereitschaft
Konkurrenzbeziehung	Temporäres Monopol, Erhöhung faktischer Markteintrittbarrieren, setzen von Produkt- und Systemstandards	Risiko falscher Positionierung
Regulierungsbedingungen	Etablierung von Patent- und Lizenzschutz	Notwendigkeit der Durchsetzung neuer Standards

Portfolio-Analyse

I. *Entstehung*

1. *Portfolio-Ansatz von Markowitz* (1952), der Finanzwirtschaft zuordenbar: Eine Planungsmethode zur Zusammenstellung eines Wertpapierbündels (Portefeuille), das, nach bestimmten Kriterien (z.B. Erwartungswert und die Standardabweichung der Kapitalrendite) bewertet, eine optimale Verzinsung des an der Aktienbörse investierten Kapitals erbringen sollte (Portfolio Selection).

2. Der Ansatz wurde später auf andere Bereiche (z.B. Sachinvestitionen) übertragen. Anfang der 1970er-Jahre gelang es, die *Portfolio-Analyse auf ganzheitliche Problemstellungen* bei diversifizierten Unternehmen anzuwenden (Vorreiter in der Praxis: General Electric): Es ging um die Bestimmung eines nach zukünftigen Chancen und Risiken ausgewogenen Produkt/Markt-Programms. Seither wurde die Portfolio-Analyse vielfach modifiziert und zählt zu den verbreitetsten Analyse- und Planungsinstrumenten des strategischen Managements.

II. *Ziel*

Ist die Betrachtungsebene der Portfolio-Analyse das Gesamtunternehmen, so sind seine Elemente die strategischen Geschäftsfelder (SGF). Grundüberlegung der Portfolio-Analyse ist es, die einzelnen SGF nicht isoliert zu betrachten, sondern eine ganzheitliche Planung des Verbundes aller SGF anzustreben. Die Portfolio-Analyse visualisiert, wie ausgewogen die Geschäfte eines Unternehmens sind. Da sie damit auch eine Denkfigur bietet, ist sie nicht nur eine Analysemethode, sondern auch eine Führungskonzeption *(Portfolio-Management)*.

III. *Ansätze*

Um die Geschäfte eines Unternehmens untereinander vergleichbar zu machen, werden, je nach Konzept, unterschiedliche Bewertungskriterien zu einer generalisierenden Vereinfachung der Sachverhalte herangezogen.

1. *Portfolio-Analyse der Boston Consulting Group:*

a)   *Kriterien* sind „Marktwachstum", als Ausdruck der Attraktivität eines Marktes, und „relativer Marktanteil", als Ausdruck der Wettbewerbsposition eines Geschäfts des Unternehmens relativ zur Konkurrenz. Beide Kriterien zeigen sich im PIMS-Modell (PIMS) stark positiv korreliert zur Rentabilität (bzw. dem Gewinn). Aus der Marktwachstums-Marktanteils-Matrix ergeben sich vier Portfoliokategorien, aus denen sogenannte *Normstrategien,* d.h. mögliche strategische Verhaltensweisen, und die sinnvolle Aufteilung von Ressourcen (finanzielle Mittel, Sach- und Humankapital) abgeleitet werden können. Diese vier Kategorien sind: „Stars", „Cash Cows", „Dogs" und „Question Marks".

b)   *Theoretische Grundlage* sind das Konzept des Lebenszyklus (z.B. weist eine frühe Phase im Lebenszyklus auf hohe Wachstumspotenziale hin, erfordert aber auch erhöhte Investitionen) sowie die Erfahrungskurve (ein höherer Marktanteil ermöglicht eine günstigere Position auf der Erfahrungskurve und damit mehr Gewinn und Cashflow).

c)   *Darstellungsweise:* Eine Portfolio-Matrix mit den unter a) genannten Dimensionen zeigt die Abbildung der Portfolio-Matrix der Boston Consulting Group in der Übersicht „Portfolio-Analyse".

Positioniert man in ihr die strategischen Geschäftsfelder, lassen sich vier Arten mit ihren dazugehörigen Normstrategien unterscheiden. Diese Normstrategien zielen auf eine Ressourcenzuteilung ab, die ein längerfristiges Gleichgewicht der Zahlungsströme sowie eine ausgewogene Investitionspolitik erwarten lässt.

2. *Portfolio-Analyse von McKinsey:*

a)   *Kriterien:* Eine Eindimensionalität zur Erklärung der „Marktattraktivität" und der „relativen Wettbewerbsposition" (Wettbewerbsvorteil) wird aufgegeben. Eine Vielfalt quantitativer und qualitativer Faktoren wird als erfolgsbestimmend für Strategien angenommen.

Portfolio-Analyse

Portfolio-Matrix der Boston Consulting Group

	FRAGEZEICHEN	STARS
	• selektiv vorgehen	• fördern • investieren
	ARME HUNDE	MELKKÜHE
	• desinvestieren • liquidieren	• Position halten • ernten

MARKTWACHSTUM (hoch / niedrig)

RELATIVER MARKTANTEIL (0 niedrig hoch 100)

Portfolio-Matrix von McKinsey

MARKTATTRAKTIVITÄT	SELEKTIVES VORGEHEN	SELEKTIVES WACHSTUM	INVESTITION UND WACHSTUM
hoch	– Spezialisierung – Nischen suchen – Akquisition erwägen	– Potenzial für Marktführung durch Segmentierung abschätzen – Schwächen identifizieren – Stärken aufbauen	– wachsen – Marktführerschaft anstreben – Investitionen maximieren
mittel	ERNTEN – Spezialisierung – Nischen suchen – Rückzug erwägen	SELEKTIVES VORGEHEN – Wachstumsbereiche identifizieren – Spezialisierung – selektiv investieren	SELEKTIVES WACHSTUM – Wachstumsbereiche identifizieren – stark investieren – ansonsten Position halten
niedrig	ERNTEN – Rückzug planen – desinvestieren	ERNTEN – Geschäftszweig „auszuzeln" – Investitionen minimieren – auf Desinvestitionen vorbereiten	SELEKTIVES VORGEHEN – Gesamtposition halten – Cash flow anstreben – Investitionen nur zur Instandhaltung

RELATIVE WETTBEWERBSPOSITION (niedrig mittel hoch)

Markt-Produktlebenszyklus-Portfolio

WETTBEWERBSPOSITION	ENTSTEHUNG	WACHSTUM	REIFE	ALTER
dominant	Marktanteile hinzugewinnen oder mindestens halten	Position halten Anteil halten	Position halten Wachstum mit der Branche	Position halten
stark	Investieren, um Position zu verbessern. Marktanteilgewinnung (intensiv)	– Investieren, um Position zu verbessern – Marktanteilgewinnung	Position halten Wachstum mit der Branche	Position halten oder „ernten"
günstig	Selektive oder volle Marktanteilgewinnung. Selektive Verbesserung der Wettbewerbsposition.	– Versuchsweise Position verbessern – Selektive Marktanteilgewinnung	– Minimale Investitionen zur „Erstandhaltung" – Aufsuchen einer Nische	„Ernten" oder stufenweise Reduzierung des Engagements
haltbar	Selektive Verbesserung der Wettbewerbsposition	– Aufsuchung und Erhaltung einer Nische	– Aufsuchen einer Nische oder stufenweise Reduzierung des Engagements	Stufenweise Reduzierung des Engagements oder Liquidieren
schwach	Starke Verbesserung oder Aufhören	– Starke Verbesserung oder – Liquidierung	Stufenweise Reduzierung des Engagements	Liquidieren

LEBENSZYKLUSPHASE

b) *Darstellungsweise:* Eine Portfolio-Matrix mit neun Feldern, die mit Normstrategien versehen sind.

3. *Markt-Produktlebenszyklus-Portfolio:* Auf der Ordinate wird entweder nur der Marktanteil (mit dem Mittelwert aus der PIMS-Datenbank als Skalen-Mitte) oder die relative Wettbewerbsposition (als Ergebnis einer multifaktoriellen Bewertung anhand einer Checkliste) abgetragen; auf der Abszisse werden anhand einer Checkliste die strategischen Geschäftsfelder durch das Management bezüglich ihrer Phase im Produktlebenszyklus (Lebenszyklus) eingestuft.

Grundidee ist es, den strategischen Geschäftsfelder-Mix so zu gestalten, dass jeweils ausreichend neue Geschäfte, aber auch Geschäfte in der Phase hoher Cash-Generierung zur Finanzierung der Wachstumsprodukte vorhanden sind.

4. *Technologie-Portfolio:* Die Forschungsgruppe für Innovation und Technologische Voraussage geht von der These aus, dass Technologie-Lebenszyklen erheblich länger und andersartiger sind als die hinter den Produkt/ Markt-Portfolio-Ansätzen stehenden Produktlebenszyklen. Deshalb wird ein Portfolio-Management auf der Basis einer dreidimensionalen Definition der Geschäfte gefordert, verwirklicht durch eine ergänzende Analyse. Anhand der Dimensionen „Technologie-Attraktivität" und „Ressourcenstärke" (bei der Beherrschung eines Technologiegebietes relativ zur Konkurrenz) werden die hinter den Produkt/Markt-Kombinationen der strategischen Geschäftsfelder stehenden Produkt- und Prozesstechnologien positioniert, verbunden mit einer Zuordnung von Normstrategien.

5. *Modifizierungen/weitere Ansätze/Anwendbarkeit:* Die dargestellten Portfolio-Ansätze wurden in vielfacher Weise modifiziert, unter anderem Unschärfepositionierung, annahmebedingte Einteilung der Felder.

Außerdem existieren zahlreiche weitere Ansätze: Ressourcen-Geschäftsfeld-Portfolio, Unternehmensposition-Verwundbarkeit-Portfolio, Shell-International-(Directional-Policy-)Matrix etc. Jeder dieser Ansätze hat seine kontexteigenen Stärken und Schwächen. Auch führt jeder der Ansätze aufgrund der unterschiedlichen theoretischen Bezugsrahmen zu verschiedenen Strategieempfehlungen. Man wird deshalb vor dem Hintergrund der jeweiligen Situation meist *mehrere Ansätze in Verbindung mit anderen strategischen Analyseinstrumenten* zum Einsatz bringen.

Potenzialanalyse

1. *Begriff:* Diagnose der Ressourcen eines Unternehmens hinsichtlich ihrer Verfügbarkeit für strategische Aktionen im Rahmen des strategischen Managements.

Zu *unterscheiden:*

(1) die im Basisgeschäft gebundenen Potenziale;

(2) die durch das Basisgeschäft noch nicht gebundenen bestehenden Potenziale;

(3) mögliche zukünftige Potenzialveränderungen.

2. *Zweck:* Aus der Potenzialanalyse können Hinweise auf ungebundene Potenziale und auf Veränderungen im Potenzialbestand für den Aus-, Ab- und Umbau des Basisgeschäfts abgeleitet werden, im Allgemeinen mittels Gap-Analyse.

3. *Gliederung der Potenzialanalyseobjekte* (im Allgemeinen nach Funktionsbereichen): z.B. im Produktionsbereich Erfassung des Integrationsgrads der Fertigung, der Anlagenauslastung etc. und Ableitung zum Ausnutzungsgrad bestehender Potenziale im Basisgeschäft.

4. *Erweiterung:* Stärken-/Schwächenanalyse.

Produkt/Markt-Matrix

Darstellung der Alternativen horizontaler Wertschöpfungsstrategien. Eine Heuristik zur Auswahl einer adäquaten Strategie ist das „Gesetz der abnehmenden Synergie"; so weist z.B. die Strategie der „Diversifikation" wesentlich weniger Synergien zum bestehenden Geschäft auf als die der „Marktdurchdringung", womit eine Diversifikation auch erfolgsgefährdeter ist.

Produkt/Markt-Matrix

Produkte / Märkte	Abbau der Produkte	Gegenwärtige Produkte	Neue Produkte
Abbau der Märkte	**Rückzug:** Stufenweiser Abbau der gegenwärtigen Produkte und der gegenwärtig bedienten Märkte	**Produktkonstante Marktverdichtung:** Marktrückzug, Abbau der Abnehmerschichten und/oder Abbau der Distributionskanäle	**Progressive Marktverdichtung:** Abbau der gegenwärtigen Märkte, verbunden mit dem Angebot von neuen Produkten an den verbleibenden Märkten
Gegenwärtige Märkte	**Marktkonstante Produktverdichtung:** Abbau der Produktpalette, die auf den gegenwärtigen Märkten angeboten wird	**Marktdurchdringung:** Intensivierung der Marktbearbeitung, Relaunch, Imitation, Kosten- und Preissenkung, Unbundling	**Produktentwicklung:** Neuprodukte, neue Produktlinien, neue Dienstleistungen und/oder Problem- und Systemlösungen
Neue Märkte	**Progressive Produktverdichtung:** Abbau der gegenwärtigen Produktpaletten verbunden mit dem Angebot der verbleibenden Produkte auf neuen Märkten	**Marktentwicklung:** Marktausweitung, neue Abnehmerschichten, neue Distributionskanäle, neue Verwendungszwecke	**Diversifikation:** Neue Produkte für neue Märkte

Projektmanagement (PM)

1. *Begriff:* Projektmanagement umfasst die Führungsaufgaben, -organisation, -techniken und -mittel zur erfolgreichen Abwicklung eines Projekts. Die DIN 69901 definiert Projektmanagement als Gesamtheit von Führungsaufgaben, -organisation, -techniken und -mittel für die Abwicklung eines Projekts. Allgemeiner definiert das Project Management Institute (PMI) im PMBOK Projektmanagement als Anwendung von Wissen, Fähigkeiten, Methoden und Techniken auf die Vorgänge innerhalb eines Projekts.

2. *Unterscheidung von anderen, ähnlichen Begriffen:* Von Projektmanagement – im Sinne von Einzelprojektmanagement – lassen sich das Programmmanagement (als Management eines Großvorhabens mit mehreren Projekten und Teilprojekten mit gemeinsamer Zielsetzung, mehrjähriger Laufzeit und großem Budget) sowie das das Multiprojektmanagement abgrenzen. Letzeres bezieht sich auf die Planung, Steuerung und Überwachung von

Projekten in einem Projektportfolio eines Unternehmens oder einer Einheit und dessen Ausrichtung an den Unternehmenszielen. Die Projektmanagement-Methodik beschreibt die logische Abfolge der Projektmanagement-Aufgaben im Projektmanagement-Prozess. Standards liefern die internationalen Verbände, wie PMI oder IPMA (GPM) oder das Office of Government Commerce, GB mit Prince2.

3. *Ziele:* Mithilfe von Projektmanagement soll die Projektabwicklung zur Erreichung des Projektziels in der geforderten Qualität, geplanten Zeit, mit optimalem Einsatz von Personal- und Kapitalressourcen effizient gestaltet werden.

_R–S

Reputationsmanagement

1. *Begriff:* Das Reputationsmanagement umfasst Planung, Aufbau, Pflege, Steuerung und Kontrolle des Rufs einer Organisation gegenüber allen relevanten Stakeholdern.

2. *Ziel:* Die Reputation bezeichnet den Ruf eines Unternehmens, der sich aus gruppenbezogenen Wahrnehmungs- und Interpretationsvorgängen ergibt. Er kennzeichnet den Informationsstand Dritter, für wie vertrauenswürdig sie eine Organisation halten. Vertrauen als zentrale Komponente des Rufs macht Reputation zu einer subjektiv und kollektiv bewerteten Größe, die die Qualität der Bekanntheit der Organisation innerhalb einer Stakeholdergruppe angibt. Eine „gute Reputation" kann daher als gruppenbezogene, hoch flüchtige Momentaufnahme von Zielgruppen verstanden werden, bei der normativ betrachtet das geplante Soll-Image (Fremdbild) mit dem gemessenen Ist-Image übereinstimmt.

3. *Aspekte:* Vertrauen gilt als erfolgskritische Größen, da es als sogenannter weicher Faktor die Erreichung von Erfolgszielen z.B. bei Vertragsabschlüssen beeinflusst. Da Reputation gruppenabhängig ist, geht das individuelle Vertrauen in eine personenübergreifende Kontextgröße von Organisationen über, die sich in Teilöffentlichkeiten wie z.B. Stakeholdergruppen herausbildet. Unterscheidet man hierbei Vertrauenswürdigkeit und -bereitschaft, so kennzeichnet im Ideal ein guter Ruf den Tausch von Reputation gegen Vertrauen, der Unsicherheit und damit verbundene Transaktionskosten von Organisationen und ihren Zielgruppen senkt. Werden solche Kosten für maßgeblich erachtet, so wird Reputationsmanagement zu einem Kontroll- und Steuerungsmechanismus von Unternehmen gegenüber ihren Stakeholdergruppen.

4. *Instrumente und Einordnung:* Da Reputation nicht nur von Kommunikation, sondern vor allem vom beobachteten Organisationsverhalten abhängt, betont das Reputationsmanagement die Notwendigkeit, Handlung und Kommunikation von Unternehmen aufeinander abzustimmen, sodass Reputationsmanagement den Anspruch der integrierten Kommunikation ausdrückt und ein Teil der Unternehmenskommunikation ist.

Risikomanagement

Risiken sind untrennbar mit jeder unternehmerischen Tätigkeit verbunden und können den Prozess der Zielsetzung und Zielerreichung negativ beeinflussen. Sie resultieren ursachenbezogen aus der Unsicherheit zukünftiger Ereignisse – wobei dies regelmäßig mit einem unvollständigen Informationsstand einhergeht – und schlagen sich wirkungsbezogen in der Möglichkeit negativer Abweichungen von einer festgelegten Zielgröße nieder. Werden Risiken nicht rechtzeitig erkannt und bewältigt, können sie die erfolgreiche Weiterentwicklung der Unternehmung gefährden, sogar in Krisen im Sinn von überlebenskritischen Prozessen einmünden (Unternehmungskrise).

Simplifikation

Begriff der Unternehmenspolitik für die Einengung des Leistungsprogramms einer Unternehmung durch Spezialisierungsmaßnahmen (Wertschöpfungsstrategien).

Social Entrepreneurship

Soziales Unternehmertum; unternehmerisches Denken und Handeln zum Wohle der Gesellschaft und zur Lösung oder Verbesserung gesellschaftlicher Missstände. Social Entrepreneurship wird sowohl von Non-Profit-Unternehmen betrieben, um durch die Gestaltungsspielräume des Unternehmertums ihre Mission besser erfüllen zu können, als auch von normalen Unternehmen um gesellschaftliche Verantwortung zu übernehmen. Der Erfolg von Social Entrepreneurship wird nicht allein auf Basis finanzieller Profite, sondern anhand des gesellschaftlichen Nutzens bewertet.

Standardisierung

Standardisierung dient der Reduktion der intra- und interbetrieblichen Prozesskosten. Intrabetrieblich sind das vor allem Wechselkosten und Lernkosten, extrabetrieblich Transaktionskosten. Qualitätsstandardisierte Produkte reduzieren den Beschaffungsaufwand und das Beschaffungsrisiko. Das Marktfeld wird erweitert. Die Absatzflexibilität kann bei reduzierter

Lagerhaltung gesteigert werden. Die Entscheidungsproblematik liegt in der Prognose, wie viel Gleichteile der Kunde bei unterschiedlichen Produkten und Marken bemerkt und akzeptiert, ohne seine Markenpräferenz aufzugeben.

Stärken-/ Schwächenanalyse

1. *Begriff:* Analyse und Bewertung der Ressourcen eines Unternehmens aus einer langfristigen Perspektive heraus. Dabei misst man sich z.B. mit den wichtigsten Konkurrenten oder an betriebswirtschaftlichen Standards. Die Stärken-/ Schwächenanalyse kann für eine Ist- sowie für eine Soll-Situation durchgeführt werden. Die Ermittlung der Potenzialwerte kann nach intuitivem Ermessen der Entscheidungsträger oder, falls dies möglich ist, durch direkte Messungen erfolgen.

2. *Einordnung:* Instrumente eines strategischen Managements; erweitert die Potenzialanalyse.

Start-up

Begriff aus der Venture-Capital-Finanzierung. Im Rahmen des chronologischen Phasenmodells die Finanzierungsphase nach der Seed Stage. Sie betrifft innerhalb des Early Stage die Finanzierung der Frühphase eines Start-up-Unternehmens, die sich von der Entwicklung des Businessplans bis zum Produktionsstart und der Produktvermarktung erstreckt.

Start-up-Unternehmen

Junge, noch nicht etablierte Unternehmen, die zur Verwirklichung einer innovativen Geschäftsidee (häufig in den Bereichen Electronic Business, Kommunikationstechnologie oder Life Sciences) mit geringem Startkapital gegründet werden und in der Regel sehr früh zur Ausweitung ihrer Geschäfte und Stärkung ihrer Kapitalbasis entweder auf den Erhalt von Venture-Capital bzw. Seed Capital (eventuell auch durch Business Angels) oder auf einen Börsengang (IPO) angewiesen sind.

Strategie

1. *Begriff:* vor allem im strategischen Management: Strategie wird definiert als die grundsätzliche, langfristige Verhaltensweise (Maßnahmenkombination) der Unternehmung und relevanter Teilbereiche gegenüber ihrer Umwelt zur Verwirklichung der langfristigen Ziele.

2. *Merkmale:* Eine Strategie trifft Aussagen zu den folgenden vier Bereichen:

(1) dem Tätigkeitsbereich, d.h. dem Ausmaß der Umweltbeziehungen der Unternehmung (Scope/Domain),

(2) den Ressourcen der Unternehmung und den damit verbundenen Fähigkeiten, die strategischen Ziele zu erreichen (Distinctive Competence),

(3) den Wettbewerbsvorteilen der Unternehmung (Competitive Advantage) und

(4) der Synergien, die durch die strategischen Entscheidungen entstehen können.

Strategieberatung

Als Spezialgebiet der klassischen Unternehmensberatung beinhaltet die Strategieberatung die Unterstützung eines Unternehmens oder einer Organisation bei der Behandlung strategischer Fragestellungen. Diese betreffen die Überprüfung, Weiterentwicklung oder Neuentwicklung von Zielrichtungen, Konzepten und Maßnahmen einschließlich der Gestaltung gesamthafter Geschäftsmodelle. Strategieentwicklung ist immer auf die Zukunft gerichtet. Sie basiert einerseits auf Erwartungen betreffend das Unternehmensumfeld (z.B. Märkte, Technologie, Wettbewerb, gesetzlicher Rahmen usw.) und andererseits auf grundsätzlichen und umfassenden Zielsetzungen für das Unternehmen (z.B. Fortbestand, Marktposition, Kapitalrendite, Shareholder Value).

Es handelt sich um einen Prozess von Analyse, Interpretation und kreativer Gestaltung, in dem Rationalität und Intuition zusammenwirken. Nicht jede Strategie wird systematisch entwickelt. Gezielte Strategieentwicklung erfordert einerseits die Bereitschaft zu dezidiertem strategischem Handeln, andererseits ein breites Spektrum fachlicher Kompetenzen und Erfahrungen (z.B. Branchenerfahrungen). Diese Voraussetzungen können in einem Unternehmen ganz oder teilweise fehlen. Hieraus ergibt sich der Ansatzpunkt und vielfach die Notwendigkeit der Strategieberatung.

Strategienfächer

1. *Begriff:* Innerhalb der strategischen Planung zum Einsatz kommende Heuristik. Der Strategienfächer unterstützt einen stufenweisen Entwurf von strategischen Programmen, wobei von Stufe zu Stufe detaillierter geplant wird.

2. *Planungsstufen:*

1. Stufe: Strategische Grundhaltung;

2. Stufe: Strategische Stoßrichtung des strategischen Geschäftsfelds, aufbauend auf den Normstrategien aus der Portfolio-Analyse;

3. Stufe: Strategische Stoßrichtung der Hauptzielgruppen;

4. Stufe: Wertschöpfungsstrategien;

5. Stufe: Funktionalstrategien.

3. *Unterstützung des Strategienfächers:* Die Heuristik des Strategienfächers kann durch Checklisten für zur Auswahl stehende Entwurfsalternativen (strategische Kataloge) unterstützt werden.

Strategische Frühaufklärung

I. *Begriff*

Antizipative Suche nach *schwachen Signalen;* d.h. frühzeitiges Aufspüren von Chancen zu neuen Erfolgspotenzialen, rechtzeitige Vorbereitung und Ingangsetzung der Umgehung oder Umwandlung von Risiken. Mit einer Warnung bzw. *Frühwarnung* sind nur Hinweise auf potenzielle Krisen verbunden; „Frühaufklärung" macht dagegen auch auf Gelegenheiten aufmerksam, wie z.B. Ideen zu neuen Geschäften.

II. *Konzept der schwachen Signale*

1. Dieses *Konzept* stellt die Frühaufklärung (Before Fact Approach) dem traditionellen Krisenmanagement (After Fact Approach) gegenüber. Dabei wird von der Annahme ausgegangen, dass sich Unternehmen aufgrund der zunehmenden Komplexität, Turbulenz und auch Unvorhersagbarkeit des Unternehmensumfelds immer häufiger sogenannten strategischen Überraschungen ausgesetzt sehen. Um diese zumindest zum Teil zu vermeiden, ist es erforderlich, zukünftig zu erwartende Gefahren und Gelegenheiten möglichst frühzeitig aufzuspüren. Dies kann deshalb möglich sein, weil die meisten zukünftigen Ereignisse und Entwicklungen sich durch sogenannte schwache Signale ankündigen und somit antizipierbar sind.

2. *Problem der Diskontinuitäten:* Die Qualität einer strategischen Frühaufklärung hängt in hohem Maße von den Möglichkeiten zur Prognose der Systementwicklung ab. Dabei stellt das Auftreten sogenannter Diskontinuitäten ein besonders schwerwiegendes Problem dar. Diskontinuitäten sind Richtungsänderungen (Strukturbrüche) oder Niveauänderungen (Unstetigkeiten). Die meisten der strategisch relevanten Diskontinuitäten sind mit den bekannten quantitativen (statistischen oder ökonometrischen) Modellprognosen nicht vorhersagbar, weil die Veränderung sich nicht als eine kausallogische Gesetzmäßigkeit der Vergangenheit erklären lässt oder die die Veränderung bewirkenden „dritten Variablen" nicht quantifizierbar sind. Gelingt eine Antizipation zukünftiger Entwicklungen und Ereignisse, so kann die Unternehmensplanung prinzipiell durch strategische Frühaufklärung verbessert werden, indem sie zeitlich abgestufte Reaktionsstrategien für alternativ mögliche Zukunftsverläufe entwickelt und bereithält.

III. *Realisierungsansätze*

1. *Indikatorenorientierte Ansätze:* Im Allgemeinen nicht-vernetzte Indikatorensysteme, die als einfache Kennzahlensysteme, als (Früh-)Indikatorensysteme oder als aggregierte Spezialindikatoren auftreten können.

2. *Modellorientierte Ansätze:* Modelle aus den System Dynamics (z.B. Feed-back-Diagramme), Entwicklung von Szenarien sowie Entscheidungs- und Simulationsmodelle (Simulation).

3. *Analyseorientierte Ansätze:* Es stehen verschiedene analytische Verfahren im Mittelpunkt, durch deren Anwendung eine systematischere Identifikation, Erfassung, Auswertung und Interpretation schwacher Signale erzielt werden soll. Zu unterscheiden: Bezugsrahmengebundene und -indifferente Methoden sowie Ansätze mit einem Methoden-Mix.

4. *Informationsquellenorientierte Ansätze:* Die Art der zur Verwendung kommenden Informationsquellen ist wesentlich für die Gestaltung des Konzepts. Zu unterscheiden:

(1) Partizipatives Recherchieren für Ansätze, in denen die Systemnutzer am Recherchieren der Informationen beteiligt sind;

(2) Eigenes Recherchieren beim Träger des Ansatzes (mit und ohne eine regelmäßige Publikation).

5. *Netzwerkorientierte Ansätze:* Ansätze, bei denen der (nahezu) vollständige Informationsverarbeitungsprozess innerhalb eines Netzwerks von Personen (bzw. Hosts von Datenbanken) bewältigt wird.

IV. *Anwendungsstand*

1. Die Schwerpunkte der Frühaufklärungsaktivitäten hängen von den *Entwicklungsstadien* ab: Die Beobachtung ökonomischer Entwicklungen ist am nächsten liegend und mit dem höchsten Maß an Vertrauen hinsichtlich ihrer Zuverlässigkeit verbunden. Am anderen Ende der Skala ist die Beobachtung der gesellschaftlichen Entwicklungen anzusiedeln.

2. *Rangordnung des Methodeneinsatzes* (die am meisten eingesetzte Technik wird zuerst genannt): Szenario-Technik, Extrapolation, Trend-Impact-Analyse, Brainstorming, Experten-Befragung (Delphi-Technik), ökonometrische und statistische Modellrechnungen Simulationsmodelle, Cross-Impact-Analyse und Entscheidungsbaumverfahren. Diese Methoden sind zu nicht unerheblichen Teilen der Zukunftsforschung zuzuordnen.

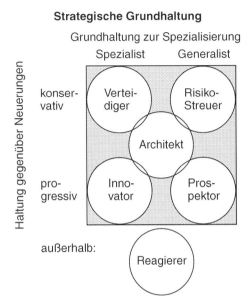

Strategische Grundhaltung

Grundhaltung zur Spezialisierung

Strategische Grundhaltung

Teilaspekt der unverwechselbaren, historisch gewachsenen Identität eines Unternehmens, bedingt durch einen „Kern" grundlegender Eigenschaften, der sich aus dem Vergleich der strukturellen Gegebenheiten, der Unternehmensverfassung, der Unternehmenspolitik sowie der Unternehmenskultur mit denen anderer Unternehmen ergibt. Erste Stufe eines Strategienfächers.

Ein *Beispiel* für eine der strategischen Grundhaltungen, bezogen auf die Definition des Geschäfts (Primärbereich) eines Unternehmens, ist aus der vereinfachten Typologie der Abbildung zu entnehmen.

Strategische Gruppe

1. *Begriff:* Gruppe der Wettbewerber in einer Branche, die ein homogenes strategisches Verhalten aufweisen, d.h. bezüglich bestimmter strategischer Dimensionen (z.B. Spezialisierung, Marken-Identifikation, Qualität)

dieselbe oder ähnliche Strategie verfolgen. Im Allgemeinen existieren in jeder Branche mehrere strategische Gruppen.

Jede der strategischen Gruppen kann z.b. anhand des Konzepts der fünf Wettbewerbskräfte auf ihre Struktur hin untersucht werden (Wettbewerbsstrategie).

2. *Mobilitätsbarrieren von strategischen Gruppen:*

a) Unterschiedlich hohe *Markteintrittsschranken* der strategischen Gruppen erklären unterschiedliche Rentabilitäten der strategischen Gruppen. Der Neueintritt in eine strategische Gruppe erfordert die Überwindung von deren Eintrittsbarrieren, die nicht identisch mit denen der generellen Branche sein müssen.

b) Der Wechsel von einer strategischen Gruppe in eine andere erfordert zusätzlich die Analyse der relevanten *Marktaustrittsschranken* aus der bisherigen strategischen Gruppe.

Strategische Planung

1 *Begriff:* Unter einer strategischen Planung wird die Institutionalisierung eines umfassenden Prozesses verstanden, um zu entscheiden, in welche Richtung sich ein Unternehmen (oder ein Teilbereich des Unternehmens) entwickeln soll, d.h. welche Erfolgspotenziale es nutzen und ausschöpfen sollte, und welchen Weg in Form zu ergreifender Aktionen und zu allokierenden Ressourcen es dazu wählen soll.

2. *Zweck:* Als Managementsystem unterstützt es die Unternehmensführung bei der Entwicklung von Strategien. Es ist ein Instrument des strategischen Managements zur Koordination der strategischen Entwicklungspläne der einzelnen Organisationseinheiten. Im Zentrum steht dabei der Abgleich zwischen den normativen Vorgaben aus der Unternehmensleitung (Unternehmensziele, Performance-Erwartungen, strategische Prioritäten etc.) und den Entwicklungsplänen der Geschäfte auf deren Konsistenz – beides abgestimmt mit den erwarteten Veränderungen im sozio-ökonomischen Umfeld des Unternehmens. Dieser Abgleich ist erforderlich, um darauf aufbauend Entscheidungen zur Ressourcenallokation

treffen zu können, die auch im Interesse des Gesamtunternehmens und seiner geplanten Entwicklung stehen.

Strategische Suchfeldanalyse

1. *Begriff:* Instrument hinsichtlich der Rekrutierung von Unternehmen, also der Suche nach Rückzugs-Betätigungsfeldern sowie neuen Betätigungsfeldern (z.B. eine Veränderung der strategischen Grundhaltung, die Einführung eines Planungs- und Kontrollsystems oder der Eintritt in *neue Geschäfte*); Mittelpunkt ist die Suche nach neuen Geschäften.

2. *Vorgehensweise:* Innerhalb des Prozesses einer strategischen Suchfeldanalyse werden im Allgemeinen von einem weiten und erst grob abgegrenzten Suchraum ausgehend sukzessive und über mehrere Auswahlebenen untaugliche Alternativen ausgefiltert und die neuen Geschäfte konkretisiert. Dabei Bewertung der Erfolgspotenziale der Alternativen auf der Basis einer zweidimensionalen Bewertung: Der Beurteilung ihrer Attraktivität sowie der Erfolgsträchtigkeit möglicher Markteintrittsstrategien ins neue Geschäft; die Kriterien zur Beurteilung der Ausprägungen beider Dimensionen verändern sich auf den einzelnen Auswahlebenen. Konnten neue Geschäfte ausgefiltert und durch die Entscheidungsträger verabschiedet werden, dann schließt sich dem Prozess einer strategischen Suchfeldanalyse die Suche nach Neu-Produktentwicklungen an.

Strategisches Geschäftsfeld

1. *Begriff:* Ein möglichst isolierter Ausschnitt aus dem gesamten Betätigungsfeld eines Unternehmens. Das strategische Geschäftsfeld entsteht im Allgemeinen durch die Zusammenfassung von untereinander möglichst homogenen Produkt/Markt-Kombinationen. Die Anzahl der strategischen Geschäftsfelder sollte übersichtlich und handhabbar bleiben (unter zehn), sodass es oft zweckmäßig und erforderlich ist, weiter (z.B. in Zielgruppen) zu segmentieren.

2. *Organisatorische Abgrenzung des strategischen Geschäftsfeldes* (diese muss nicht mit den historisch gewachsenen Grenzen der

organisatorischen Verantwortungsbereiche eines Unternehmens zusammenfallen – duale Organisation):

a) *Durchführung:* Im Allgemeinen werden Kataloge von Kriterien (z.B. „gemeinsame Kapazitäten ", „gemeinsame Kundengruppen ") gebildet, mit deren Hilfe eine Aufteilung der Unternehmensaktivitäten in solche Teileinheiten erreicht werden soll, für die eine strategische Planung möglich und sinnvoll erscheint. Abgrenzung so, dass die Potenziale der einzelnen strategischen Geschäftsfelder möglichst autonom gesteuert werden können.

b) *Zweck:* Es soll eine eigenverantwortliche und effiziente Durchführung des strategischen Programms des strategischen Geschäftsfeldes, das relativ unabhängig für diese geplant werden kann, sichergestellt werden (Strategienfächer).

3. *Erweiterung der Abgrenzungsproblematik:* Definition des Geschäfts.

Strategisches Management

1. *Zentrale Fragen:* Strategisches Management stellt sich der Frage, warum einige Unternehmungen in einer Branche erfolgreich sind und andere nicht. Jede Unternehmung muss im heutigen Wettbewerb folgende zentrale Fragen beantworten:

(a) Welche langfristigen Ziele sollen wir verfolgen?

(b) In welchen Geschäftsfeldern wollen wir tätig sein?

(c) Mit welchen langfristigen Maßnahmen wollen wir den Wettbewerb in den Geschäftsfeldern bestreiten?

(d) Was sind unsere Kernfähigkeiten, mit denen wir im Wettbewerb bestehen können?

(e) Was müssen wir tun, um unsere langfristigen Maßnahmen umzusetzen?

Diese Fragen stehen im Mittelpunkt eines strategischen Managements. So beschäftigt sich, vereinfacht gesagt, das strategische Management mit der Planung und Umsetzung von Strategien in Unternehmungen.

2. *Kennzeichen:* Die Verfolgung einer einmal eingeschlagenen Strategie ist nicht unbedingt Garant für den zukünftigen Erfolg:

(a) Größe und Marktanteil sind keine Sicherheit für einen langfristigen Erfolg;

(b) Kernfähigkeiten, die zu einem Zeitpunkt den strategischen Erfolg einer Unternehmung begründen, verlieren im Zeitverlauf ihre Relevanz;

(c) junge, stark wachsende Märkte verändern ihre Spielregeln in dynamischen Sprüngen. Damit wird der strategische Erfolg einer Unternehmung in Zukunft weniger von ihren gegenwärtigen Produkten bestimmt, als vielmehr von ihrer Fähigkeit, die Märkte der Zukunft zu besetzen.

Strategisches Management bedeutet somit mehr als nur die langfristige Positionierung des bereits bestehenden Produktprogramms einer Unternehmung. Strategisches Management ist vielmehr mit einem Blick in die Zukunft verbunden. Es gilt, die zentrale Frage zu beantworten, wie der Bestand und der Erfolg der Unternehmung dauerhaft gesichert werden können.

3. *Durchführung:* Angesichts seiner Bedeutung stellt sich die Frage, wie strategisches Management idealerweise in einer Unternehmung durchgeführt werden sollte. Bewährt hat sich ein Prozessmodell, das die vielfältigen Aufgaben des strategischen Managements ordnet, systematisiert und in eine gewisse idealtypische Reihenfolge bringt. So werden in diesem Verständnis vier unterschiedliche Aktivitätenbündel oder Phasen unterschieden:

(1) Die Phase der Zielbildung (Entwicklung der Unternehmungspolitik, des Leitbildes und strategische Zielsetzungen),

(2) die Phase der strategischen Analyse (Unternehmungs- und Umweltanalyse, Prognose und Frühaufklärung),

(3) die Phase der Strategieformulierung (Formulierung, Bewertung und Auswahl von Strategien),

(4) die Phase der Strategieumsetzung.

Dabei ist der strategische Managementprozess nicht als eine strikte, top-down vorgegebene Abfolge von Phasen zu verstehen, sondern als ein iterativer Prozess, der durch eine Vielzahl von Rückkopplungen und Überlappungen gekennzeichnet ist. Der Strategieprozess ist sowohl durch eine abschließende Kontrollphase als auch durch ein prozessbegleitendes strategisches Controlling zu unterstützen.

Strategisches Spielbrett

1. *Begriff:* Instrument zur Kreativitätsförderung (Kreativitätstechniken). Das strategische Spielbrett soll einen Anstoß liefern, über die gesamte Bandbreite der Betätigungsmöglichkeiten nachzudenken mit dem Ziel, die Wertschöpfungskette des Unternehmens (Wettbewerbskonzepte) weiterzuentwickeln.

2. Überlegungen in Richtung *neuer Spielregeln* in zwei Richtungen, innerhalb derer gesucht wird: Innovation in einem Teilmarkt sowie Änderungen der Grundlagen des Wettbewerbs im Gesamtmarkt. Diese Strategien können durch die Ausnutzung eines bestehenden Differenzierungspotenzials

Strategisches Spielbrett

Innovationen in Teilmarkt

Konzentration auf Marktnische

Änderung der Grundlagen des Wettbewerbs

überlegene Marktabdeckung auf breiter Front

Nische

Gesamtmarkt

bekannte Regeln

neue Regeln

Wo konkurrieren?

Wie konkurrieren?

in den Gewinnen verwirklicht werden, wenn ein großer Wettbewerbsvorteil (Wettbewerbsstrategie) in einem der Erfolgsfaktoren der Branche herausgearbeitet werden kann.

3. *Realisierung einer Strategie* aus dem strategischen Spielbrett erfolgt (nach Überprüfung des Gleichgewichts der strategischen Geschäftsfelder in einer Portfolio-Analyse) über einen sogenannte *strategischen Fahrplan*, der die Einordnung der neu gestalteten Wertschöpfungskette in den unternehmenspolitischen Rahmen beinhaltet. So sind z.B. im 7F-Rahmen (Führungsmodelle) alle Komponenten des Führungssystems neu aufeinander abzustimmen.

Stretch Goals

Ausgedehnte und überhöhte Zielvorgabe. Beispielsweise solle man demnach mehr verlangen als man eigentlich erwartet, dann bekomme man was man ursprünglich wollte. Zudem sind dehnbare/unpräzise Ziele gemeint, die bei der Überprüfung der Ziele nach Bedarf dorthin gezogen werden, wo sie gebraucht werden.

SWOT-Analyse

Abkürzung für *Analysis of strengths, weakness, opportunities and threats*; die Stärken-Schwächen-Chancen-Risiken-Analyse stellt eine Positionierungsanalyse der eigenen Aktivitäten gegenüber dem Wettbewerb dar. In dem ihr zugrunde liegenden Arbeitsverfahren werden die Ergebnisse der externen Unternehmens-Umfeld-Analyse in Form eines

SWOT-Analyse

Stärken? (strengths)	Chancen? (opportunities)
Schwächen? (weakness)	Risiken? (threats)

SWOT-Matrix

Unternehmen \ Umfeld	Chancen	Risiken
Stärken	Ausbauen	Absichern
Schwächen	Aufholen	Meiden

Chancen-Risiken-Katalogs zunächst zusammengestellt und dem Stärken-Schwächen-Profil der internen Unternehmensanalyse gegenübergestellt.

In einem weiteren Schritt werden die jeweiligen Überschneidungen gefiltert, die dann in der jeweiligen SWOT-Matrix zur Darstellung gelangen. Die SWOT-Matrix zeigt die weiter ausbaufähigen Chancen auf, konkretisiert die Gefährdungen, gegen die sich die Unternehmung zur Nutzung ihrer Stärken absichern sollte, als auch diejenigen Schwächen, die in der gleichen Absicht aufgeholt werden sollten. Schließlich deckt sie auch diejenigen Risiken auf, die es doppelt zu meiden gilt, da gerade in ihnen die internen Schwächen der Unternehmung mit den externen Risiken des Umfeldes zu einer doppelt gefährlichen Deckung kommen.

System Dynamics

1. *Begriff: System Dynamics* (SD) ist eine Methodik zur Modellierung, Simulation, Analyse und Gestaltung von dynamisch-komplexen Sachverhalten („dynamische Komplexität") in sozioökonomischen Systemen. System Dynamics wurde von Jay W. Forrester am Massachusetts Institute of Technology (MIT) in den 1950er-Jahren entwickelt, um Führungskräfte beim Management von komplexen unternehmerischen Entwicklungen und bei der Entscheidungsfindung zu unterstützen. In der

deutschsprachigen Fachliteratur wird System Dynamics mit *Systemdynamik* übersetzt. In den Wirtschaftswissenschaften haben sich jedoch auch die englischen Begriffe „*Business Dynamics*" oder „*Strategy Dynamics*" etabliert.

2. *Eigenschaften und Methoden von System Dynamics:* System Dynamics verfolgt das Ziel, das Verhalten eines Systems zu erklären und gegebenenfalls zu beeinflussen. Um dieses Ziel zu erreichen, werden relevante Systemstrukturen modelliert. System Dynamics erfasst dafür fünf konstituierende Elemente dynamischer sozioökonomischer Systeme: kausale Feedbackbeziehungen (*Feedback* und *Feedback Loops*), Wirkungsverzögerungen, Bestandesgrößen (stocks), Flussgrößen (flows) und Nichtlinearitäten.

Feedback ist die Rückführung von Informationen über den aktuellen Zustand eines Systems (Ausgangsgröße) auf dessen Eingang. *Feedback Loops*, d.h. in sich geschlossene Prozesse kausaler Beziehungen zwischen Systemvariablen, operationalisieren solche Rückführungsprozesse. Die Interaktion von Feedback Loops erzeugt das Verhalten eines Systems. *Wirkungsverzögerungen* sind in einem System vorhanden, wenn Ursache und Wirkung zeitlich voneinander getrennt sind. *Bestandsgrößen* sind Systemvariablen, die den aktuellen Zustand eines dynamischen Systems charakterisieren; z.B. ist der Produktlagerbestand eine Bestandsgröße eines Produktionssystems. *Flussgrößen* sind die Elemente eines Systems, welche Bestandsgrößen verändern. *Nichtlinearitäten* sind in sozioökonomischen Systemen eher die Regel als die Ausnahme. Ein System ist *nichtlinear*, wenn Änderungen in der Ausbringungsmenge nicht proportional zu Änderungen in der Eingabemenge sind.

Um ein System-Dynamics-Modell zu erstellen, benutzt ein Modellierer mehrere Methoden. Drei wesentliche sind das kausale Rückkopplungsdiagramm (Causal Loop Diagram, CLD), das Systemstrukturdiagramm (SSD) und das Bestandsgrößen- und Flüssediagramm (Stock and Flow Diagram, SFD). Durch umfangreiche Validierungsmethoden können hochqualitative System Dynamics Modelle erstellt werden.

3. *Anwendung in Praxis und Forschung*: System Dynamics ist eine Methodik und somit vergleichbar mit der anwendungsorientierten Statistik. Dadurch kann System Dynamics in allen Bereichen der Volks- und Betriebswirtschaft, und darüber hinaus, zur Analyse von dynamischen und komplexen Sachverhalten eingesetzt werden. Praxisbeispiele stammen aus dem öffentlichen und privaten Sektor: Produktionsmanagement, strategische Planung, Analyse und Design von Geschäftsmodellen, Business Forecasting und Szenarioanalyse. System Dynamics kann für qualitative sowie für quantitative (mathematische) Modellierung verwendet werden. In Praxisanwendungen werden meist zuerst qualitative Modelle zur Erfassung und Strukturierung der Problemsituationen erstellt. Diese werden dann durch Quantifizierung als simulationsfähige Modelle ausgestaltet, welche für Szenarioanalysen verwendet werden können. Neben der problemorientierten Anwendung wird System Dynamics oft auch für *modellbasiertes Lernen* in der Ausbildung von Führungskräften eingesetzt. Durch die Interaktion mit einem externen, formalen Referenzmodell können Führungskräfte ihre eigenen mentalen Modelle über dynamische Systeme erkunden, testen und systematisch weiterentwickeln. Modellbasiertes Lernen strukturiert dabei die Lernprozesse.

In der Forschung wird System Dynamics als eine Strukturmethode zur Untersuchung der Funktionsweise von sozialen Systemen (Unternehmen, Organisationen, etc.) und für die kausale Analyse von Zeitreihen verwendet. Ein Forscher versucht die Zeitreihen durch Kausalmodelle (dynamische Hypothesen) und Simulationsmodelle zu erklären. Die dafür verwendete mathematische Formulierung als ein System von Differentialgleichungen erhöht den Grad der Zuverlässigkeit der aufgestellten Hypothesen bzw. Modelle. Die modellierten Kausalstrukturen stammen aus qualitativen und quantitativen empirischen Analysen.

Eine Abgrenzung von System Dynamics zu anderen Forschungsmethoden ist insbesondere im Fall von statistischen Methoden sinnvoll. System Dynamics basiert, im Gegensatz zu statistischen Methoden, auf mathematischen Differentialgleichungen, mit denen Kausalmodelle erstellt werden.

Szenario-Technik

1. *Charakterisierung:* Die Szenario-Technik ist als eine Art Handlungskonzept und Methodenverbund zu verstehen. Dabei ersetzt sie nicht traditionelle Prognosemethoden, sondern stellt ein Komplement zu diesen dar.

 2. *Szenario:*

a) *Begriff:* Ein Szenario ist im eigentlichen Sinn keine Vorhersage, sondern nur die Aufzeichnung der möglichen episodischen Abfolge von Ereignissen eines besonders interessierenden Systemaspekts. Der Zweck von Szenarien liegt darin, die Aufmerksamkeit der Verwender auf kausale Prozesse und Entscheidungspunkte zu lenken. Dazu wird bei ihrer Erstellung eine hypothetische Sequenz von Ereignissen konstruiert. Mögliche Ereignisse und Entwicklungen, die zu einem bestimmten relevanten Feld gehören (z.B. Bevölkerung von Europa), sich auf eine bestimmte Zeitperiode beziehen sowie auf irgendeine Art untereinander verbunden sind, bilden demnach ein Szenario.

b) *Basis-Typen:* Vgl. Abbildung „Szenario-Technik – Basis-Typen".

Szenarien können auch auf sehr *unterschiedlichen Betrachtungsebenen* angesiedelt werden. Auf einer sehr hohen und komplexen Betrachtungsebene angesiedelt sind z.B. die Globalszenarien.

3. *Phasen:* Basistheorien der Szenario-Technik sind die allgemeinen Modelltheorie (Modell) und die angewandte Systemtheorie. Durch die Szenario-Technik werden komplexe Probleme dekomponiert und in eine neue Ordnung gebracht.

Einzelphasen–Beispiel:

(1) *Analysephase:* Es werden eine Problemanalyse und -strukturierung vorgenommen, wichtige und kritische Problemfeldvariablen erhoben sowie alternative Annahmebündel gebildet und Konsistenzprüfungen der Annahmen vorgenommen.

Szenario-Technik – Basis-Typen

Bezie-hungs-analyse	Konstruktionsalternativen	
	explorativ	antizipativ
deskriptiv	gegeben sind die Ursachen (Hypothesen), Frage nach den Wirkungen	gegeben sind die Wirkungen, Frage nach den Ursachenveränderungen
normativ	gegeben sind die Mittel, welche Ziele können erreicht werden	gegeben sind die Ziele, mit welchen Mitteln können sie erreicht werden

(2) *Prognosephase:* Es werden Bandbreiten zukünftiger Entwicklungen prognostiziert, daraus Präszenarien entwickelt und gegensätzliche, den Rahmen zukünftiger Entwicklungen absteckende Szenarien ausgewählt und interpretiert. Es werden überraschende Ereignisse identifiziert und Konsequenzen ermittelt.

(3) *Synthesephase:* Erstellung der Szenarien, die Ergebnisse der zweiten Phase gehen dabei ein.

(4) *Implementierungsphase:* Integration der Ergebnisse in den Planungsprozess.

4. *Methoden:*

a) *Quantitative Methoden:* Methoden auf der Grundlage mathematisch-statistischer Lösungsansätze liefern numerische Ergebnisse der zu prognostizierenden Größen. *Beispiele:* Trendextrapolationen, Regressionsanalyse, ökonometrische Modelle.

b) *Qualitative Methoden:* Sie beruhen auf einer subjektiv begründeten Beurteilung der jeweiligen Prognosesituation und damit auf

Intuition, Erfahrung und subjektiven Werthaltungen. Damit können auch sozio-politische Variablen in die Analyse einbezogen werden. *Beispiele:* Morphologische Analysen, historische Analogiebildung, Delphi-Technik, Technologiefolgenabschätzung.

Tacit Knowledge

Solches Wissen, das nur durch Erfahrung aufgebaut wurde und somit schwer weitergegeben werden kann. Im Rahmen des ressourcenbasierten Ansatzes des strategischen Managements spielt Tacit Knowledge eine große Rolle.

Grundsätzlich kann differenziert werden in materielle und immaterielle Aktiva. Aus der Sicht des ressourcenbasierten Ansatzes stehen besonders die schwer imitierbaren immateriellen Aktiva im Vordergrund der Betrachtung. Diese können unterschieden werden in personenunabhängige und personengebundene Ressourcen. Personenabhängige Ressourcen im Sinn von nicht kodifizierbaren Fähigkeiten (Tacit Knowledge) begründen in ihrer Kombination mit materiellen Ressourcen die Kernkompetenzen einer Unternehmung.

Beispiele für Tacit Knowledge sind unter anderem dynamische Verhaltensstereotype, kreative Teamarbeit und Expertenwissen.

Technologiemanagement

Das frühzeitige Erkennen von aufkommenden neuen Technologien, ihre Verfügbarmachung für das Unternehmen und die Weiterentwicklung bestehender Lösungen sind zentrale Aktionsfelder eines Technologiemanagements. Im Bereich der Schaffung neuer Technologien überschneidet sich das Technologiemanagement mit dem Innovationsmanagement. Darüber hinaus betrachtet das Innovationsmanagement auch die Erzeugung nicht technologischer Artefakte wie Organisationsstrukturen. Das Technologiemanagement fokussiert ausschließlich auf Technologien, wobei sowohl neue als auch bereits bestehende Technologien zum Untersuchungsgegenstand des Technologiemanagements gehören. Es überlegt beispielsweise, wie aus bestehenden nicht mehr ganz neuen Technologien noch möglichst hohe finanzielle Rückflüsse für das Unternehmen generiert werden können, etwa über das Einbringen der Technologie in weitere Produkte oder über Lizenzierung oder Technologieverkauf an andere Akteure. Zur Ausführung dieser Aufgaben nutzt das Technologiemanagement eine Vielzahl von Methoden und organisatorischen Unterstützungsmaßnahmen.

Ziel des Technologiemanagements ist es, die Wettbewerbsfähigkeit von Unternehmen durch den Aufbau und die Weiterentwicklung technologiebasierter Erfolgspotentiale langfristig zu sichern. Technologiemanagement umfasst die Planung, Organisation, Führung und Kontrolle der Unternehmensprozesse, welche die Beschaffung, die Speicherung und die Verwertung von Technologien zum Inhalt haben. Das Technologiemanagement weist erhebliche Überschneidungen mit dem Innovationsmanagement und dem F&E-Management auf.

Time Pacing

Im Unterschied zum Event Pacing, also dem fallweisen Anpassen der Unternehmensstrategie an veränderte Umweltbedingungen, werden beim Time Pacing die Unternehmensaktivitäten in vorher festgelegten Rhythmen neu festgelegt. Nach einem genau festgelegten Zeitplan werden neue Produkte und Dienstleistungen geschaffen, neue Märkte betreten und neue Geschäfte aufgebaut. So kann ein Unternehmen außerordentlich schnell am Markt agieren.

Total Quality Management (TQM)

Optimierung der Qualität von Produkten und Dienstleistungen eines Unternehmens in allen Funktionsbereichen und auf allen Ebenen durch Mitwirkung aller Mitarbeiter. Total Quality Management strebt die Erhöhung der Kundenzufriedenheit an.

Der Begriff *Qualitätsmanagement* ist dagegen enger gefasst: Planung, Steuerung und Überwachung der Qualität eines Prozesses bzw. Prozessergebnisses; umfasst Qualitätsplanung, -lenkung, -prüfung, -verbesserung und -sicherung.

Treibende Kraft

Konzept zur Ermittlung des zentralen Erfolgsfaktors eines Unternehmens, an dem die gesamte unternehmenspolitische Rahmenplanung (Unternehmenspolitik, strategisches Management) auszurichten ist.

Die treibende Kraft ist definiert als die Bestimmungsgröße für die Spannweite zukünftiger Produkte und Märkte. Sie ist generierende Basis zur Ausgestaltung der anderen, die treibende Kraft verifizierenden Entscheidungsbereiche. Es sollte also immer nur eine einzige treibende Kraft wirken, die aus einem der heuristisch ermittelten neun strategischen Bereiche stammt: Produkte, Markterfordernisse, Technologie, Produktionsmöglichkeiten, Verkaufsmethode, Vertriebsmethode, Rohstoffe, Größe/Wachstum oder Ertrag/Gewinn.

Turnaround

Wende eines in einer wirtschaftlichen Krise befindlichen Unternehmens von der (existenzgefährdenden) Verlustzone in eine langfristige (überlebenssichernde) Gewinnsituation. Auch allgemein verwandt im Sinn eines Herausbringens aus einer Verlustsituation oder auch im Sinn von Trendwende.

.

Unternehmensethik

Business Ethics; Zweig der angewandten Ethik, der sich vor allem mit Fragen der Verantwortung von Unternehmen und seiner Mitarbeiter befasst (Corporate Social Responsibility). Systematischer Ausgangspunkt der Unternehmensethik ist der Konflikt zwischen Gewinn, hier im weiteren Sinne verstanden als Unternehmenserfolg unter Wettbewerbsbedingungen, und Moral, verstanden als adäquate Berücksichtigung der *berechtigten* Interessen betroffener Anspruchsgruppen des Unternehmens. Unternehmensethik hat hierbei die Aufgabe, zur Bewältigung der verschiedenen Formen dieses Konflikts, z.b. Korruption, Kinderarbeit, Umweltverschmutzung, Bilanzverschleierung etc. in einer ethisch begründbaren sowie ökonomisch implementierbaren Form beizutragen. Sie kann dies vernünftigerweise nicht leisten durch Entwicklung konkreter Anweisungen, sondern vielmehr durch das Aufzeigen und Begründen von (Wert-)Gesichtspunkten, die relevant sind, jedoch leicht aus dem Auge verloren werden, wie z.B. die Unternehmensintegrität. Zudem kann sie Hinweise geben, wie solche Werte – auch und gerade unter Wettbewerbsbedingungen – besser zur Geltung gebracht werden können.

Unternehmenskommunikation

1. Begriff: Als Unternehmenskommunikation (Corporate Communications) wird der Teil der Unternehmensführung bezeichnet, der mithilfe des Wahrnehmungsmanagements die Reputation (Ruf) prägt.

2. Ziel: Wenn Reputation das Oberziel von Unternehmenskommunikation ist, sind die individuellen Wahrnehmungsgrößen relevanter Stakeholder (Mitarbeiter, Kunden, Umweltgruppen etc.) wie Vertrauen (erwartbares Verhalten) und Glaubwürdigkeit (Ausmaß der wahrgenommenen Erwartbarkeit) zentrale Teilziele. Davon abgeleitet werden vor allem wahrnehmungs- (informative, edukative, emotionale), handlungs- (z.B. Weiterempfehlungsbereitschaft, Kaufneigung, Mitarbeitermotivation) und zielgruppenbezogene (z.B. Führungskräftezustimmung, Kundenzufriedenheit) Teilziele. Da der Ruf nicht nur von geplanter Kommunikation abhängt, sondern auch von ungeplant wahrgenommener Handlung, deren Folge etwa erfolgsrelevante Skandale sein können, gehört das Verhaltensmanagement zentral zur Unternehmenskommunikation.

3. *Aspekte:* Die Unternehmenskommunikation wird zum Teil auf die geplante Kommunikation oder planmäßig zu gestaltende Beziehungen reduziert und spiegelt so ihre Tradition als Teil der operativen Marketingplanung im Kommunikations-Mix wider. Unterschiedlichen Entwicklungen seit spätestens Anfang der 1980er-Jahre wie die Abweichung von Börsen- und Buchwerten von Unternehmen, die Stakeholder-Debatte, oder die Erkenntnis, dass Unternehmensführung auch Kommunikation ist, betonen jeweils die Bedeutung weicher Faktoren für den Unternehmenserfolg. Da der Stakeholder-Begriff sowohl Einzelne (die Bank, der Großkunde etc.), wie auch Gruppen (die Markencommunity, die Bürgerbewegung etc.) umfasst, sind gruppendynamische Prozesse (Widerstände, Begeisterung etc.) als weiche Faktoren ein zentrales Handlungsfeld, sodass sich der ursprünglich instrumentelle Fokus (z.B. Medienarbeit, Eventkommunikation) der Unternehmenskommunikation um strategische Verhaltensaspekte (Markenführung) erweitert und damit zur ursprünglich handlungsorientierten Public Relations-Debatte (PR) der Nachkriegszeit zurückführt (Klassische PR-Formel: 90 Prozent handeln, 10 Prozent reden).

4. *Abgrenzung und Instrumente:* Die Unternehmenskommunikation umfasst zielgruppenorientiert die interne Kommunikation und externe Kommunikation und steht konzeptionell neben den Public Relations (PR) (Öffentlichkeitsarbeit), die zum Teil synonym, zum Teil auch als gesellschaftliches Phänomen interpretiert werden. Zu unterscheiden sind davon im engeren Sinne Public Relations als instrumentelle Kommunikation (Pressearbeit, Eventkommunikation etc.). Die Kommunikationspolitik steht zum Teil ebenfalls neben der strategischen Unternehmenskommunikation, enthält zum Teil eine verhaltensgerichtete Komponente, wird aber zum Teil auch in der Tradition der operativen Marketing-Mix-Debatte dargestellt. Die Debatte um die Unternehmenskultur (ungeschriebene Werte und Normen) gilt mit der Einflussnahme auf die Unternehmensidentität

(Corporate Identity) normativ als Verhaltensrahmen (Corporate Behaviour) und damit als Fundament der Unternehmenskommunikation. In diesem Sinne wird auch das interne Markenmanagement verstanden (Internal Branding). Auf dieser Basis sollen nachhaltige Soll-Images (Fremdbild) erreicht werden. Im Idealfall stimmt es mit dem Ist-Image als Reputation überein. Zielgruppenbezogen lassen sich Börsenkommunikation, Investor Relations, Kundenkommunikation, Händlerkommunikation, Mitarbeiterkommunikation und weitere unterscheiden. Entlang von Nutznießern kann die Produkt- oder Branchen-Kommunikation herausgehoben werden. Als Ansätze der Unternehmenskommunikation finden das Stakeholder-Management (Anspruchsgruppenkommunikation), die integrierte Kommunikation (sachlich, zeitlich, räumlich und instrumentell abgestimmte Kommunikation), die Corporate Identity (Kommunikation vom Selbstverständnis ausgehend), das Markenmanagement (ursprünglich hoch verdichteten symbolische Nutzenkommunikation) und die Marketing-Kommunikation (ursprünglich die marktorientierte Kommunikation im Marketing-Mix) verbreitet Anwendung. Anlassbezogen lassen sich etwa Krisenkommunikation oder Change Communications unterscheiden. Mit Krisenkommunikation und Investor Relations findet die verhaltensorientierte Unternehmenskommunikation nach und nach auch Eingang in die Corporate Governance.

Unternehmenskultur

1. *Begriff:* Grundgesamtheit gemeinsamer Werte, Normen und Einstellungen, welche die Entscheidungen, die Handlungen und das Verhalten der Organisationsmitglieder prägen.

2. *Ziel:* Wenn Reputation (Ruf) das Oberziel von Unternehmenskommunikation ist, dann bildet die Unternehmenskultur den handlungsprägenden Rahmen. Die Handlungen einer Organisation bilden zugleich die Beobachtungsfläche für Mitglieder der eigenen Organisation (Führungskräfte und Mitarbeiter) sowie Dritte (Kunden, Banken, Politik) und tragen maßgeblich zur Wahrnehmung, zum Fremdbild (Image) und damit zur Reputation bei.

3. *Instrumente:* Leitbildprozesse gelten als ein zentrales Instrument des Kulturmanagements. Diese Arbeitsprozesse unterstützen Organisationen, zum Teil implizit gelebte Kulturmerkmale der Tiefenstruktur wie Selbstverständnis und Vision zu explizieren. Diese gilt es dann gegebenenfalls zu beeinflussen indem sie vertieft oder variiert werden, um die Soll-Wahrnehmung zu prägen.

4. *Aspekte:* Unterschieden werden zentral zwei Ebenen der Unternehmenskultur: die Tiefenstruktur als handlungsprägende Ebene (Werte, Normen, Einstellungen) sowie die Oberflächenstruktur, die von Dritten beobachtbar ist. Wenn die Tiefenstruktur als handlungsprägender Rahmen der Oberflächenstruktur arbeitet, dann muss Unternehmenskommunikation als Verhaltensmanagement dort ansetzen, um Image und Reputation nachhaltig beeinflussen zu können. Es gilt als umstritten, ob und inwieweit sich die Tiefenstruktur durch Kommunikation, Anreize und/oder Sanktionen nachhaltig verändern lässt.

Unternehmensleitbild

1. *Begriff:* Element des normativen Rahmens eines Unternehmens in dem es den Zweck seines Daseins in Form von Nutzenversprechen gegenüber seinen Anspruchsgruppen darlegt (strategisches Management).

2. *Merkmale:*

a) *Orientierungsfunktion:* In expliziter Form wird die Soll-Identität des Unternehmens zum Ausdruck gebracht.

b) *Motivationsfunktion:* Die Identifikation der Mitarbeiter mit dem Unternehmen wird verstärkt; eine anspruchsvolle, zugleich aber konsensfähige (und realistische) Zielvorstellung wird formuliert.

c) *Legitimationsfunktion:* Die verschiedenen Interessenten werden über die handlungsleitenden Grundsätze aufgeklärt und diese zugleich begründet. Inwieweit diese Funktionen tatsächlich erfüllt werden können, ist davon abhängig, auf welche Weise die Mitarbeiter in den Prozess der Leitbilderstellung integriert sind und in welchem Umfang das Leitbild im Unternehmen diffundiert und gelebt wird.

Unternehmungskrise

I. *Begriff*

Unterschiedlichste Phänomene im Leben einer Unternehmung, von der bloßen Störung im Betriebsablauf über Konflikte bis hin zur Vernichtung der Unternehmung, die zumindest aus Sicht der betroffenen Unternehmung als Katastrophe zu bezeichnen sind. In der neueren Literatur werden Unternehmungskrisen übereinstimmend als ungeplante und ungewollte, zeitlich begrenzte Prozesse verstanden, die in der Lage sind, den Fortbestand der Unternehmung substanziell zu gefährden oder sogar unmöglich zu machen.

Dies geschieht durch Beeinträchtigung bestimmter Ziele, deren Gefährdung oder gar Nichterreichung gleichbedeutend ist mit einer Existenzgefährdung oder -vernichtung der Unternehmung. Die in dem Begriff der Unternehmungskrise enthaltene *Chance zur positiven Wende* – unter Umständen auch noch im Fall der Insolvenz – ist wesensbestimmend für den Begriff und macht die Ambivalenz der Entwicklungsmöglichkeiten (Untergang oder Sanierung) deutlich.

II. *Verlauf*

Unternehmungskrisen stellen extern und/oder intern generierte Prozesse dar, die in begrenzten Zeiträumen ablaufen. Ihr Verlauf ist in charakteristische Phasen unterteilbar, die unterschiedliche Ansätze für ein umfassendes Krisenmanagement im Hinblick auf eine Krisenvermeidung oder -bewältigung bieten.

1. *Phase: Potenzielle Unternehmungskrise.* Der generelle Krisenprozess findet bei umfassender Betrachtungsweise seinen Anfang in der Phase der potenziellen, d.h. lediglich möglichen und noch nicht realen Unternehmungskrisen. Diese wegen der Abwesenheit von wahrnehmbaren Krisensymptomen als Quasi-Normalzustand der Unternehmung zu bezeichnende Phase, in der sich die Unternehmung praktisch ständig befindet, markiert den (zumindest gedanklichen) Entstehungszeitraum von Unternehmungskrisen. Unter dem Merkmal der Steuerbarkeit kommt dieser

Phase besondere Bedeutung zu. Hier kann durch gedankliche Vorwegnahme möglicher Unternehmungskrisen und eine darauf aufbauende Ableitung von Strategien und/oder Maßnahmen für den Fall ihres Eintritts ein wesentlicher Beitrag zur Reduktion der Krisenbewältigungsanforderungen in zeitlicher und sachlicher Hinsicht geleistet werden. Schwierigkeiten bereitet jedoch vor allem die Identifikation unternehmungsindividuell relevanter, potenzieller Unternehmungskrisen.

2. *Phase: Latente Unternehmungskrise.* Diese Phase des Krisenprozesses ist geprägt durch die verdeckt bereits vorhandene oder mit hoher Wahrscheinlichkeit bald eintretende Unternehmungskrise, die in ihren Wirkungen für die betroffene Unternehmung mit dem ihr zur Verfügung stehenden, herkömmlichen Instrumentarium noch nicht wahrnehmbar ist. Bei Anwendung geeigneter Methoden der Früherkennung (operative Frühwarnung, strategische Frühaufklärung) erlaubt diese Phase jedoch eine aktive Beeinflussung latent vorhandener Krisenprozesse durch präventive Strategien/Maßnahmen. Solche Aktionen werden begünstigt durch eine in dieser Phase noch in relativ großem Umfang bestehende Bandbreite von Handlungsmöglichkeiten und das Nichtvorhandensein akuter Entscheidungs- und Handlungszwänge.

3. *Phase: Akut/beherrschbare Unternehmungskrise.* Diese Phase des Krisenprozesses beginnt mit der unmittelbaren Wahrnehmung der von der Krise ausgehenden destruktiven Wirkungen durch die Unternehmung, womit die in den vorangegangenen Phasen relevante Identifikations-/Früherkennungsproblematik weitgehend entfällt. Dabei verstärkt sich laufend die Intensität der realen (destruktiven) Wirkungen, was erhöhten Zeitdruck und Entscheidungszwang induziert und die (qualitativen) Anforderungen an das Auffinden wirksamer Problemlösungen (Krisenbewältigungsanforderungen) drastisch erhöht. Das Krisenbewältigungspotenzial bindet in dieser Phase immer mehr Kräfte der Unternehmung und schöpft alle für die Krisenbewältigung mobilisierbaren Reserven aus. Die Kumulation der zur Krisenbewältigung herangezogenen Potenziale/Aktionen kann in einer solchen Situation Signalwirkungen haben, wodurch die Intensität der

gegen die Unternehmung gerichteten Wirkungen zusätzlich verstärkt und der Krisenprozess weiter beschleunigt wird. Dennoch ist in dieser Phase eine Bewältigung (Beherrschung) der akuten Unternehmungskrise anzunehmen, da das zur Verfügung stehende Krisenbewältigungspotenzial noch ausreichend für die Zurückschlagung der eingetretenen Krise ist.

4. *Phase: Akut/nicht beherrschbare Unternehmungskrise.* Gelingt es nicht, die akute Unternehmungskrise zu beherrschen, tritt der Krisenprozess in seine letzte Phase. Aus der Sicht der betroffenen Unternehmung wird damit die akute Unternehmungskrise zur *Katastrophe,* die sich in der manifesten Nichterreichung überlebensrelevanter Ziele dokumentiert. In dieser Phase übersteigen die Krisenbewältigungsanforderungen das verfügbare Krisenbewältigungspotenzial. Die Steuerung des Krisenprozesses mit dem Ziel seiner Beherrschung wird besonders wegen des fortlaufenden Wegfalls von Handlungsmöglichkeiten, des extremen Zeitdrucks und der zunehmenden Intensität der (destruktiven) Wirkungen unmöglich. An die Stelle der Steuerung des Krisenprozesses tritt der Versuch seiner (oft improvisierten) Beeinflussung, womit die spezifisch destruktiven Wirkungen der unausweichlich gewordenen Katastrophe gemildert werden sollen.

III. *Ursachen*

1. *Quantitative Krisenursachenforschung:* Übereinstimmend wurde eine hohe statistische Häufigkeit folgender Merkmalsausprägungen insolventer Unternehmungen festgestellt, die als Ursachen für Unternehmungszusammenbrüche interpretiert werden:

(1) *Branchenzugehörigkeit:* Die Insolvenzanfälligkeit einzelner Branchen ist erheblich unterschiedlich, wobei der Branchenverbund Baugewerbe mit mehr als einem Drittel aller Insolvenzen eine besonders starke Insolvenzgefährdung aufweist.

(2) *Rechtsform:* Mit zunehmender, rechtsformbedingter Haftungsbeschränkung wächst die Insolvenzanfälligkeit von Unternehmungen und weist für die GmbH und die GmbH & Co. KG die höchsten

Insolvenzgefährdungen auf. AGs sind dagegen dem Anschein nach wesentlich weniger insolvenzgefährdet.

(3) *Unternehmungsgröße:* Gemessen an der Mitarbeiterzahl steigt die unternehmungsgrößenbedingte Insolvenzgefährdung bis zu etwa 500 Beschäftigten pro Unternehmung stetig an, sinkt allerdings bei darüber hinausgehenden Mitarbeiterzahlen wieder stark ab.

(4) Im Zeitablauf ihres *Bestehens* nimmt die Insolvenzanfälligkeit von Unternehmungen zunächst tendenziell ab; als besonders insolvenzgefährdet gelten junge Unternehmungen. Allerdings ist bei „alten" Unternehmungen mit einer Bestehenszeit von mehr als 70 Jahren wieder ein Anstieg der Insolvenzgefährdung zu verzeichnen.

2. *Qualitative Krisenursachenforschung:* Überwiegend wird eine Trennung zwischen endogenen, der Einflusssphäre der Unternehmung unterliegenden, und exogenen, von ihr nicht beeinflussbaren Krisenursachen, vorgenommen.

(a) *Häufigste endogene Krisenursachen:*

(1) *Führungsfehler* (Missmanagement, Fehler der Betriebsleitung): Führungsfehler als krisenverursachende Faktoren meinen Fehler der Führung als Institution und Prozess. Insgesamt können Führungsfehler als die zentrale insolvenzverursachenden Faktoren nach den Erkenntnissen der bisher vorliegenden Untersuchungen dahingehend interpretiert werden, dass die Führung die ihrer Entscheidungsgewalt bzw. Einflussnahme unterliegenden Abläufe und Strukturen in der Unternehmung nicht den Handlungserfordernissen entsprechend plant, steuert und kontrolliert. Deutlich wird dabei neben Mängeln in der kurzfristigen Planung und Kontrolle auch das Fehlen oder die mangelnde Effizienz strategischer Planungen und deren Realisation.

(2) *Unzureichende Eigenkapitalausstattung:* Die Eigenkapitalausstattung von Unternehmungen in der Bundesrepublik Deutschland hat sich seit Jahren beständig verschlechtert, wobei zwischen den einzelnen Wirtschaftszweigen und Rechtsformen erhebliche Unterschiede bestehen.

Eine zu geringe Eigenkapitalausstattung bedeutet dabei den Verzicht auf ein wesentliches „Krisenpolster" und setzt unterkapitalisierte Unternehmungen einem erhöhten *Verschuldungsdruck* aus. Indes ist eine zu geringe Eigenkapitalausstattung als Insolvenzursache trotz der zunächst plausibel erscheinenden Verknüpfung zwischen Insolvenz und Finanzierungsproblematik kritisch zu beurteilen, da nachweisbar selbst eine gute Eigenkapitalausstattung keineswegs vor Unternehmungskrisen schützen muss.

(b) *Häufigste exogene Krisenursachen:*

(1) *Konjunkturelle Fehl-Entwicklungen:* Zweifellos wirken konjunkturell bedingte Rezessionen krisenauslösend, wie statistisch belegt werden kann. Dennoch bleibt die Frage offen, ob konjunkturelle Fehlentwicklungen nicht lediglich als Symptome von Unternehmungskrisen zu werten sind. Schließlich sind Krisen auch in Phasen günstiger konjunktureller Entwicklungen anzutreffen, und ebenso überstehen ansonsten „gesunde" Unternehmungen im Allgemeinen auch konjunkturelle Rezessionen.

(2) *Strukturelle Veränderungen* im gesamtwirtschaftlichen Umfeld der Unternehmung erscheinen bedeutsamer, die allerdings als solche weniger in den jeweiligen Untersuchungen genannt werden, dennoch aber inhaltlich große Bedeutung haben. Strukturelle Veränderungen meinen dabei hauptsächlich (diskontinuierliche) technologische Entwicklungen, die strukturverändernd wirken, wie z.B. der Übergang von der Mechanik auf die Elektronik im Bereich der Uhrenindustrie, der diesen Industriezweig im europäischen Raum in krisenhafte Entwicklungen führte. Im Bereich der neuen Bundesländer sowie Osteuropa wird durch die vollzogenen politischen Veränderungen zugleich eine neue Dimension struktureller Veränderungen deutlich, die Krisenerscheinungen bisher nicht bekannten Ausmaßes erkennen lässt.

(c) *Zusammenwirkung endogener und exogener Faktoren der Krisenverursachung:* Endogene und exogene Faktoren der Krisenverursachung sind – anders als dies in vielen Untersuchungen den Anschein erweckt – nur schwer voneinander zu trennen. Sie bilden vermutlich gemeinsam die zwei Elemente individueller Krisenverursachung, die mit jeweils unterschiedlichen Anteilen zu überlebenskritischen Prozessen der Unternehmung beitragen.

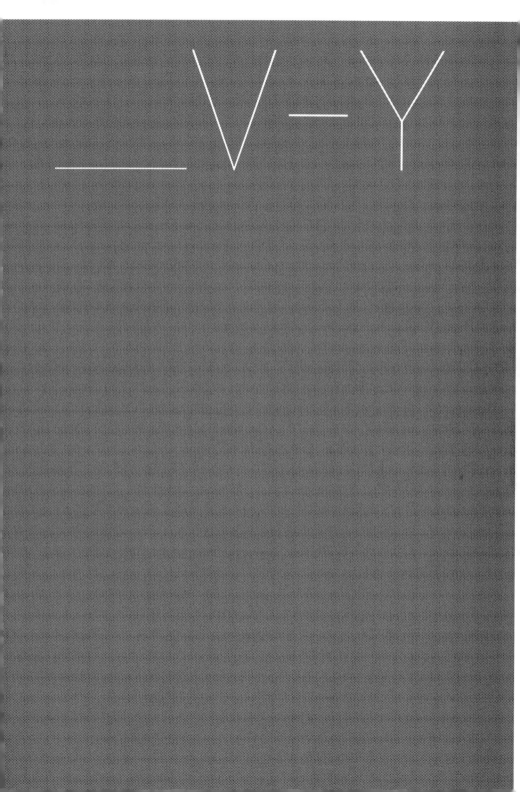

Venture Capital

Beim Venture-Capital (Risikokapital, Wagniskapital) handelt es sich um zeitlich begrenzte Kapitalbeteiligungen an jungen, innovativen, nicht börsennotierten Unternehmen, die sich trotz zum Teil unzureichender laufender Ertragskraft durch ein überdurchschnittliches Wachstumspotenzial auszeichnen.

Das Venture-Capital-Geschäft stellt einen Teilbereich des Private-Equity-Geschäfts dar, worunter man den Handel mit Eigenkapitalanteilen an nicht börsennotierten Unternehmen versteht. Das Engagement von Venture-Capital-Gesellschaften ist im Allgemeinen auf bestimmte Entwicklungsphasen (Seed Stage, Early Stage, Expansion Stage) des Zielunternehmens begrenzt und währenddessen auf die Erzielung eines maximalen Wertzuwachses ausgerichtet, der zum Zeitpunkt des Ausstiegs maßgeblich den Investitionsertrag bestimmt. Die Wagnisfinanciers stellen jungen Wachstumsunternehmen nicht nur Kapital zur Verfügung, sondern unterstützen sie durch diverse Beratungsleistungen. Dies ist oft von entscheidender Bedeutung für eine erfolgreiche Unternehmensentwicklung, weil den meist technisch oder naturwissenschaftlich geprägten Unternehmensgründern typischerweise Managementerfahrung und betriebswirtschaftliche Kenntnisse fehlen.

Venture Team

Interdisziplinäre Arbeitsgruppe, die innovative Projekte bearbeitet, da diese in der bestehenden Unternehmensorganisation nicht aufgegriffen werden können. In dieser Arbeitsgruppe kommen Experten aus verschiedenen Bereichen der Wertschöpfungskette zusammen, insbesondere aus den Gebieten Forschung & Entwicklung (F&E), Produktion, Marketing sowie Finanzierung. Das Team wird dabei von einem Gründungsmanager geleitet. Normalerweise geht mit der Zusammenstellung eines Venture Teams eine Neu- oder Ausgründung einher. Nach Abschluss der Projekte wird das Team aufgelöst.

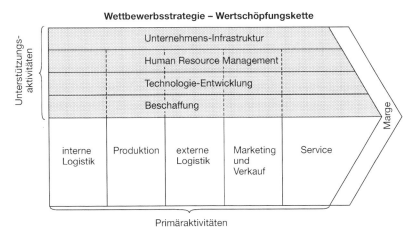

Wertschöpfungskette

Leistungskette, Value Chain. Managementkonzept von Porter (amerikanischer Betriebswirt, geb. 1947). Die Wertschöpfungskette stellt die zusammenhängenden Unternehmensaktivitäten des betrieblichen Gütererstellungsprozesses grafisch dar.

Nach Porter gibt es fünf Primäraktivitäten, die den eigentlichen Wertschöpfungsprozess beschreiben: interne Logistik, Produktion, externe Logistik, Marketing & Verkauf und Service. Außerdem gibt es vier Unterstützungsaktivitäten, die den Wertschöpfungsprozess ergänzen: Unternehmens-Infrastruktur, Human Resource Management, Technologie-Entwicklung und Beschaffung. Jede Unternehmensaktivität stellt einen Ansatz zur Differenzierung dar und leistet einen Beitrag zur relativen Kostenstellung des Unternehmens im Wettbewerb.

Wettbewerbsfaktor

Strukturelle Merkmale einer Branche, die die Stärke der Wettbewerbsintensität und damit nachgelagert auch die Rentabilität der Unternehmungen und der Branche generell bestimmen. Es werden fünf Wettbewerbskräfte unterschieden:

(1) Bedrohung durch neue Anbieter;

(2) Verhandlungsstärke der Abnehmer;

(3) Verhandlungsstärke der Lieferanten;

(4) Druck durch Substitutionsprodukte;

(5) Grad der Rivalität unter den bestehenden Wettbewerbern.

Diese fünf Wettbewerbskräfte beeinflussen die Wettbewerbsintensität jedoch nicht in gleichem Maße. Ausschlaggebend ist der jeweils stärkste Faktor, dessen Bedeutung sich in Abhängigkeit von der jeweiligen Branche verändern kann.

Wettbewerbskonzepte

Konzepte, die darauf ausgerichtet sind, die Potenziale vorhandener Geschäfte zu verbessern bzw. besser zu nutzen. Wettbewerbskonzepte gewannen neben strategischen Suchfeldanalysen mit der Zunahme stagnativer Markttendenzen an Bedeutung, nachdem die Normstrategie „Rückzug" für „Arme-Hunde-Geschäfte" der Portfolio-Analyse ca. zwei Drittel aller Geschäfte betraf.

Gliederung der Wettbewerbsstrategie entsprechend den Phasen, die zur Entwicklung einer Wettbewerbsstrategie führen:

(1) *Abgrenzung der Branche* (z.B. nach der Standard Industrial Classification);

(2) *Analyse der Branchensituation* und *Prognose der Branchenentwicklung,* z.B. Konzept der Wettbewerbskräfte (Wettbewerbsstrategie), Konzept der strategischen Gruppe, Wettbewerbsvorteils-Matrix und Multifaktor-Matrix;

(3) *Planung der Wettbewerbsstrategien,* z.B. gegnerische Wettbewerbsstrategien und strategisches Spielbrett;

(4) *vertiefende Suche nach Wettbewerbsvorteilen,* z.B. Wertschöpfungskette, Wettbewerbsstrategien.

Wettbewerbsstrategie

I. *Charakterisierung*

1. *Theoretisch* leitet sich der Ansatz aus einer Zusammenführung des mehr volkswirtschaftlichen Konzepts der Industrieökonomik und der betriebswirtschaftlichen Führungsphilosophie eines strategischen Managements ab.

2. *Tragende Säulen* des Konzepts:

(1) die *Wettbewerbskräfte* zur Bestimmung der Branchenstruktur,

(2) die *generischen Strategien* als grundlegende Alternativen zur Erlangung von Wettbewerbsvorteilen und

(3) die *Wertschöpfungskette* als Heuristik zur Vertiefung der generischen Strategien.

II. *Strategieauswahl*

Über Strategien positioniert sich das Unternehmen (mit seinen Geschäften) in Bezug zu seinem Umfeld. Die Branche ist ein für das Unternehmen besonders wichtiges Teilsystem dieses Umfelds (z.B. neben den Märkten oder dem Gesellschaftssystem). Damit lenkt er den Blick auf Strategien zur Positionierung des Unternehmens in Bezug zu seinen Wettbewerbern. Wettbewerbsstrategien sollten darauf abzielen, eine profitable, haltbare Position in der Wettbewerbsarena zu sichern. Bestimmend sind die Fragen nach der Branchenattraktivität und der Wettbewerbsposition.

III. *Die Strategieauswahl bestimmende Faktoren*

1. *Attraktivität der Branche:*

a) *Kennen- und Verstehenlernen der Spielregeln,* denen der Wettbewerb *in diesem Zweig* gehorcht, d.h. wie attraktiv ist auf lange Sicht die Branche, in der die Unternehmung tätig ist, und welche Faktoren beeinflussen diese Attraktivität. Die Spielregeln werden von der Struktur der Branche bestimmt, wobei diese durch fünf *Wettbewerbskräfte* festgelegt ist: Verhandlungsmacht der Lieferanten, Verhandlungsmacht der Käufer, Bedrohung durch Eintritt potenzieller neuer Konkurrenten, Bedrohung durch Substitute sowie die Rivalität unter den existierenden Konkurrenten. Jede dieser Kräfte unterliegt mehreren Einflussfaktoren (z.B. Differenzierungsgrad und Substituierbarkeit von Einsatzgütern bei der Verhandlungsmacht der Lieferanten).

b) Die Struktur ist immer *branchenspezifisch ausgeprägt.* Man unterscheidet Branchenstrukturen nach der Phase im Lebenszyklus (junge, reifende, schrumpfende) und nach der Wettbewerbsausdehnung (fragmentierte, weltweite). Die jeweilige Struktur bestimmt, welche Unternehmen in welchem Umfang Rentabilitätspotenziale realisieren: Käufer- und Lieferantenmacht haben Einfluss auf Preise, Umsatz und Kosten; Konkurrenzdruck ist für den Kapitalbedarf mit ausschlaggebend; die Struktur unterliegt auch einem dynamischen Prozess und ist prinzipiell gestaltbar (z.B. durch einen „guten" Branchenführer). Bei der Auswahl von Wettbewerbsstrategien entsteht damit auch die Aufgabe, zu untersuchen, inwieweit Strukturveränderungen zugunsten des eigenen Unternehmens erzeugt oder genutzt werden können. Im Zusammenhang mit der Analyse der Branchenstruktur ist auch das Konzept der strategischen Gruppen zu sehen; Zusammenfassung von Unternehmen einer Branche zu einer Gruppe, die entlang ausgewählter strategischer Dimensionen ähnliche Strategien verfolgt.

2. *Bestimmung der relativen Wettbewerbsposition des Unternehmens in der Branche,* d.h. welche Position hat die Unternehmung in dieser Branche inne, und worauf ist diese Position zurückzuführen. Eine gute Wettbewerbsposition wird durch *Wettbewerbsvorteile* erreicht, die ein besseres Verstehen und Handhaben der Branchenstruktur durch das Unternehmen als durch die Wettbewerber bedeuten.

Strategiealternativen:

a) Nach der *Art der Erreichung der Wettbewerbsvorteile:*

(1) *Kostenführerschaft:* Es gibt nur einen Kostenführer je Geschäft, eine eindeutige Strategie. Verfolgen sie mehrere Wettbewerber, so wird

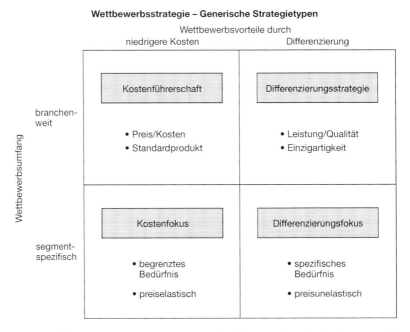

Wettbewerbsstrategie – Generische Strategietypen

im Allgemeinen eine immer unprofitabler werdende Konkurrenz die Folge sein.

(2) *Differenzierung:* Diese Strategien sind vielfältigen Ursprungs. Für ihren Erfolg ist es von Bedeutung, dass die aufgebauten Wettbewerbsvorteile auch vom Kunden wahrgenommen werden können.

b) Nach dem *Ort der Erreichung der Wettbewerbsvorteile:*

(1) *segmentspezifische Strategien:* nach Kundengruppen, Produktlinien etc. spezifizierte Strategien; durch eine Differenzierung auf Bedürfnisse, die bislang nur unzureichend befriedigt wurden, oder durch Befriedigung bereits angesprochener, aber nicht befriedigter Bedürfnisse möglich.

(2) *branchenweite Strategien.* Zusammenfassend können vier *generische Strategietypen* abgeleitet werden; das Unternehmen muss sich kompromisslos für einen davon entscheiden.

c) Auf einer ähnlichen Argumentation aufbauende *Matrizen* wurden von verschiedenen Beratungsunternehmen entwickelt, z.B. die Wettbewerbsvorteils-Matrix der Boston Consulting Group oder das strategische Spielbrett von McKinsey.

IV. *Wertschöpfungskette:*

Leistungskette, Geschäftssystem, Value Chain; die durch ein Unternehmen in einem bestimmten Geschäft erzielbaren Wettbewerbsvorteile werden durch unterschiedliche, strategisch relevante Tätigkeiten verursacht. Jede von ihnen stellt einen Ansatz zur Differenzierung dar und leistet einen Beitrag zur relativen Kostenstellung des Unternehmens im Wettbewerb. Grundsätzlich lassen sich neun solcher *generischen Aktivitäten* unterscheiden: Fünf Primäraktivitäten, die den eigentlichen Wertschöpfungsprozess beschreiben, und vier Unterstützungsaktivitäten, die den Wertschöpfungsprozess ergänzen. Sie werden zu einer Wertschöpfungskette verknüpft.

Beurteilung: Vorteile können sich auch aus der Verkettung interdependenter Aktivitäten ergeben (Multifaktor-Matrix). Wichtig ist auch die Beurteilung der Einflüsse anderer Wertschöpfungsketten auf die eigene: die Ketten der Lieferanten, Absatzkanalträger und Kunden. Die Gesamtheit aller in der Branche vorhandenen Wertschöpfungsketten ergibt letztlich die obige Branchenstruktur.

Wettbewerbsvorteils-Matrix

Branchen-Wettbewerbsvorteils-Matrix; Konzept zum Entwurf von Wettbewerbsstrategien, das grundsätzliche Entfaltungsmöglichkeiten aufzeigt, die sich dem Unternehmen gegenüber den Konkurrenten im strategischen Wettbewerbsfeld bieten.

Zentrale Dimensionen:

(1) Die Größe des Vorteils, den man gegenüber den Wettbewerbern bei einzelnen Faktoren aufbauen kann, und

Wettbewerbsvorteils-Matrix

	Anzahl der Vorteilsfaktoren	
groß	Fragmentierung	Spezialisierung
klein	Patt	Volumen
	klein	groß
	Größe des Vorteils	

(2) die Anzahl der verschiedenen Faktoren, in denen ein Vorteil aufgebaut werden kann. Ein Unternehmen kann dann als erfolgreich eingestuft werden, wenn bei der Mehrzahl seiner Geschäfte große Wettbewerbsvorteile (Volumen- und Spezialisierungsgeschäft) realisiert werden können.

Workflow Management

Die Analyse, Modellierung, Simulation, Steuerung und Protokollierung von Geschäftsprozessen (Workflow) unter Einbeziehung von Prozessbeteiligten und (elektronischen) Systemen (Workflow Management System). Ziel des Workflow Managements ist die Koordination der meist großen Anzahl von Bearbeitern, die räumlich verteilt an der Lösung von Teilaufgaben des Prozesses arbeiten, sowie die Kontrolle des Prozessverlaufs, vor allem des Bearbeitungsstatus.

Yield Management

1. *Begriff:* System zur Nachfragesteuerung mittels Kapazitätsverfügbarkeiten und Preisen. Yield Management wird bei Dienstleistungsunternehmen mit dem Ziel eingesetzt, den Gesamtumsatz des Unternehmens zu maximieren, indem die Nachfrage mit der höchsten Zahlungsbereitschaft mit Priorität befriedigt wird. Yield Management ist bei Verkehrsunternehmen (insbesondere bei Fluggesellschaften), in der Hotellerie und bei Autovermietern weit verbreitet.

2. *Entwicklungsgeschichte:* Yield Management entstand in den 1970er-Jahren im Zuge der Deregulierung des US-amerikanischen Luftverkehrsmarktes. Die etablierten Fluggesellschaften sahen sich mit neuen Konkurrenten in Form von Low-Cost-Fluggesellschaften konfrontiert. Deren Preise sollten selektiv „gematcht" werden, ohne das gesamte Preisgefüge auf das Low-Cost-Niveau abzusenken.

3. *Elemente am Beispiel von Fluggesellschaften:* Yield-Management-Systeme bestehen aus neun Elementen:

a) *Marktsegmentierung und Preisdifferenzierung:* Der Gesamtmarkt wird in homogene Marktsegmente mit unterschiedlicher Zahlungsbereitschaft aufgeteilt. Die einzelnen Marktsegmente werden unterschiedlichen Buchungsklassen mit unterschiedlichen Preisen zugeordnet.

b) *Nachfragelenkung im Zeitverlauf:* In der Regel tritt niederwertige Nachfrage (z.B. in Form von Freizeitreisenden) sehr frühzeitig, und hochwertige Nachfrage (z.B. in Form von Geschäftsreisenden) sehr spät am Markt auf. Um zu verhindern, dass Kontingente mit niederwertiger Nachfrage zugebucht werden und damit hochwertige Nachfrage verdrängt wird, werden Kontingente für hochwertige Nachfrage frühzeitig geblockt.

c) *Überbuchung (overbooking):* Es werden mehr Sitzplätze verkauft als physisch vorhanden sind. Überbuchung zielt auf die hundertprozentige Auslastung der Kapazitäten ab. Bei einem Verzicht auf Überbuchung entstünden leere Sitze, denn kurzfristige Stornierungen, Umbuchungen und „No Shows" lassen sich kurzfristig nicht mehr kompensieren. „No Shows" bezeichnen das Phänomen, dass gebuchte Passagiere unangekündigt nicht zum Abflug erscheinen. Üblich sind Überbuchungsquoten von etwa 30 Prozent. Bei einer zu niedrigen Überbuchungsquote entsteht „Spoilage", indem Sitze leer bleiben. Bei einer zu hohen Überbuchungsquote entsteht „Spill", indem Passagiere abgewiesen werden.

d) *Bildung und Einzelsteuerung von Buchungsklassen:* Fluggesellschaften unterteilen die (physischen) Beförderungsklassen (häufig First, Business und Economy Class) in (virtuelle) Buchungsklassen. Diese weisen unterschiedliche Kontingentgrößen und Preise auf und werden jeweils einzeln dynamisch gesteuert, indem sie je nach Marktlage vergrößert oder verkleinert werden.

e) *Nesting:* Die Buchungsklassen sind ineinander geschachtelt. Hochwertige Buchungsklassen können automatisch auf Kontingente der niederwertigen Buchungsklassen zugreifen, umgekehrt ist dies nicht möglich.

f) *Verkehrsstrombezogene Buchungsklassensteuerung:* Die Verfügbarkeit von Sitzplätzen richtet sich danach, ob Nachfrager nach einem Sitzplatz einem hochwertigen oder einem niederwertigen Verkehrsstrom angehören. So kann beispielsweise der Sitzplatz für einen Passagier von Frankfurt nach Mailand gesperrt sein, um diesen Sitzplatz für einen Passagier von Tokio über Frankfurt nach Mailand verfügbar zu halten. Der Gesamtumsatz der Fluggesellschaft würde hierdurch gesteigert.

g) *Verkaufsursprungsbezogene Buchungsklassensteuerung:* Die Verfügbarkeit von Sitzplätzen richtet sich danach, in welcher Verkaufsregion die höchsten Preise erwirtschaftet werden.

h) *Prognosemodelle:* Nachfrageverläufe und No-Show-Quoten werden prognostiziert, um aktuelle Buchungsverläufe umsatzmaximierend steuern zu können.

i) *Informationstechnologiesysteme:* Die hohe Anzahl von Steuerungsentscheidungen und benötigter Daten von Yield-Management-Systemen bedarf des Einsatzes leistungsfähiger Informationstechnologiesysteme.

Lizenz zum Wissen.

chern Sie sich umfassendes Wirtschaftswissen mit Sofortzugriff
f tausende Fachbücher und Fachzeitschriften aus den Bereichen:
anagement, Finance & Controlling, Business IT, Marketing,
blic Relations, Vertrieb und Banking.

klusiv für Leser von Springer-Fachbüchern: Testen Sie Springer
r Professionals 30 Tage unverbindlich. Nutzen Sie dazu im
stellverlauf Ihren persönlichen Aktionscode **C0005407** auf
ww.springerprofessional.de/buchkunden/

**Jetzt
30 Tage
testen!**

Springer für Professionals.
Digitale Fachbibliothek. Themen-Scout. Knowledge-Manager.

- Zugriff auf tausende von Fachbüchern und Fachzeitschriften
- Selektion, Komprimierung und Verknüpfung relevanter Themen
  durch Fachredaktionen
- Tools zur persönlichen Wissensorganisation und Vernetzung

www.entschieden-intelligenter.de

ringer für Professionals